"中国劳模"系列丛书

中国劳模

匠心卓越的柴油机医生

鹿新弟

王植玉◎著

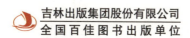
吉林出版集团股份有限公司
全国百佳图书出版单位

图书在版编目（CIP）数据

匠心卓越的柴油机医生：鹿新弟 / 王植玉著.
长春：吉林出版集团股份有限公司，2024.9. --（"
中国劳模"系列丛书 / 徐强主编). -- ISBN 978-7
-5731-5189-6

Ⅰ. K826.16

中国国家版本馆CIP数据核字第2024234GC5号

JIANGXIN ZHUOYUE DE CHAIYOUJI YISHENG: LU XINDI

匠心卓越的柴油机医生：鹿新弟

出 版 人	于　强	
主　　编	徐　强	
著　　者	王植玉	
组稿统筹	东北师范大学文学院创意写作研究中心	
责任编辑	杨　爽	
装帧设计	刘美丽	

出　　版	吉林出版集团股份有限公司	
发　　行	吉林出版集团社科图书有限公司	
地　　址	吉林省长春市南关区福祉大路5788号　邮编：130118	
印　　刷	唐山富达印务有限公司	
电　　话	0431-81629711（总编办）	
抖 音 号	吉林出版集团社科图书有限公司　37009026326	

开　　本	710 mm×1000 mm　1 / 16	
印　　张	9	
字　　数	90千字	
版　　次	2024年9月第1版	
印　　次	2024年9月第1次印刷	

书　　号	ISBN 978-7-5731-5189-6	
定　　价	55.00元	

如有印装质量问题，请与市场营销中心联系调换。0431-81629729

序 言

　　劳动创造财富，劳动创造幸福，劳动创造未来。习近平总书记在2020年全国劳动模范和先进工作者表彰大会上的讲话中指出："全社会要崇尚劳动、见贤思齐，加大对劳动模范和先进工作者的宣传力度，讲好劳模故事、讲好劳动故事、讲好工匠故事，弘扬劳动最光荣、劳动最崇高、劳动最伟大、劳动最美丽的社会风尚。"当今世界，综合国力的竞争归根到底是科技人才和高素质劳动者的竞争。改革开放以来，我们强大的工人队伍用辛勤的劳动和拼搏奉献的精神推动中国制造、中国智造、中国创造走向世界的前列，新时代的中国面貌日新月异。大力弘扬劳模精神、劳动精神、工匠精神，加强高素质技能人才队伍建设，打造一支宏大的知识型、技能型、创新型劳动者队伍，是伟大时代赋予我们的历史责任。

　　劳动模范是民族的精英、人民的楷模，是共和国的功臣。自改革开放以来，广大职工勇立改革潮头，独立自主，奋发图强，勇于创新，其中涌现出一批批全国劳模和大国工匠。他们参与建设了代表中国高度、中国速度、中国深度的一系列重大工程，提升了国家实力，打造了"中国名片"，树立了"中国品牌"，增添了"中国力量"，充分释放出工人阶级的创新活力，展示出大国工匠的强大创造力。他们以工人阶级的满腔热忱在各自平凡的工作岗位上取得了辉煌的成绩，书写了新时代的壮丽篇章。

爱岗敬业、争创一流、艰苦奋斗、勇于创新、淡泊名利、甘于奉献的劳模精神，崇尚劳动、热爱劳动、辛勤劳动、诚实劳动的劳动精神和执着专注、精益求精、一丝不苟、追求卓越的工匠精神，是广大劳动群众在社会生产实践中锤炼形成的弥足珍贵的精神财富，是工人阶级伟大品格的具体体现，是民族精神和时代精神的生动诠释。民族复兴需要劳动模范，祖国强盛需要大国工匠，中国制造、中国智造、中国创造更需要大国工匠的强有力支撑。劳模、工匠等的成长故事、先进事迹中承载的劳模精神、劳动精神和工匠精神，是激励全国各族人民团结奋斗、勇往直前的强大精神力量。

"中国劳模"系列丛书，采用图文结合的方式，讲述全国劳模、大国工匠和先进工作者们的成长经历及他们追梦、筑梦、圆梦的故事，用他们在平凡岗位上创造不平凡业绩的真实故事感染读者，推动形成劳动最光荣、劳动最崇高、劳动最伟大、劳动最美丽的社会风尚，引导广大技术工人和青少年形成劳动光荣、技能宝贵、创造伟大的观念。

"匠心筑梦，强国有我。"新时代是一个万象更新、生机勃勃的时代，也是一个继往开来、创新创业和建功立业的大时代。希望广大读者能以劳动模范为榜样，以大国工匠为楷模，立志技能报国、技术强国，踔厉奋发，勇毅前行，锤炼思想品格，汲取劳动智慧，勇于担当、勤于钻研、甘于奉献，为推进新型工业化和乡村振兴，为加快建设制造强国、质量强国、航天强国、交通强国、网络强国、数字中国、农业强国，全面建设社会主义现代化国家贡献青春力量。

中华全国总工会副主席（兼）

中国航天科技集团有限公司第一研究院

211厂14车间高凤林班组组长

2022年11月

传主简介

　　鹿新弟，1967年出生，汉族，中共党员，一汽解放大连柴油机有限公司发动机装调高级技师、正高级工程师，中国一汽首席技能大师。十三届、十四届全国人大代表，全国人大社会建设委员会委员，中国工会十七大代表，中国发明协会会员，中机企协"大国工匠"分会副理事长，大连市总工会副主席（兼职）。先后获得全国技术能手（2010年）、全国劳动模范（2015年）、中华技能大奖（2016年）、首届辽宁工匠（2017年）、首届大连工匠（2019年）、首届一汽工匠（2020年）、大连市高层次领军人才（2020年）、大连市优秀专家（2022年）等荣誉，享受国务院政府特殊津贴（2015年），是国家级技能大师工作室（2016年）、全国示范性劳模和工匠人才创新工作室（2020年）领创人。

1987年8月，鹿新弟从柴油机技工学校毕业，于研发部试验室工作。在学徒期间，他坚忍刻苦，努力磨炼技艺，技术突飞猛进，逐渐成为工厂里调试柴油机工作中不可或缺的一员。鹿新弟常说：要坐得住冷板凳。当同龄人休息时，鹿新弟便钻进资料室学习，找老师傅讨教技艺。就是凭着这股劲儿，鹿新弟成为"柴油机调试大王"。2000年，鹿新弟担任研发部试验室班长，其间，他打破工厂旧制度，采取末位淘汰的方式。一丝不苟的态度，让他带领的班组成为全厂最优秀的班组。2001年，鹿新弟协助西安交通大学研制二甲醚柴油机，找出问题，最后车辆顺利启动，同年，完成国内第一台共轨柴油机试验。2005年，他担任道依茨车间试验工段班长，建立道依茨柴油机试验标准。2012年，他创立技能大师工作室，以"师傅带徒弟"的方式传授技艺，在此期间，他撰写了《工作室规范化建设与管理》。2015年，鹿新弟参加庆祝"五一"国际劳动节暨表彰全国劳动模范和先进工作者大会，2018年当选十三届全国人大代表，2023年当选十四届全国人大代表、全国人大社会建设委员会委员。直到今天，他仍然从事有关柴油机的工作，并努力为国家培养新一代技术人才。

目　录

第一章　少年往事

扫码解锁

◎群英颂歌◎业精于勤
◎技艺传承◎奋斗底色

大院里的"小病号"

医院里，一位年轻的女护士戴着口罩，眉眼间流露出一丝温柔和笑意。她又看到了这个孩子，不仅仅是她，挂号的阿姨也认识这个孩子。孩子时不时看着自己的手，他的手正在微微颤抖，他下意识地咬了咬下嘴唇，流露出紧张的神色。

年轻的女护士看孩子有些紧张，凑上前去轻声询问："小朋友，今年几岁啦？读几年级呀？"

孩子喃喃道："五年级。"

这个孩子叫鹿新弟，来自铁路系统的工人家庭，住在一个由10栋楼组成的铁路大院里，楼与楼挨得很近，似乎有种吸引力，让人觉得格外亲近。生活在这儿的人给这个大院子起了一个简单通俗的名字——大院。鹿新弟就是在这样的环境中长大的。

鹿新弟从小就体弱多病，最严重的一次生病是在他小学五年级的时候。

1980年的一天，鹿新弟和姥姥在家玩扑克，姥姥宠爱地看着孩子，看着看着，姥姥原本舒缓愉悦的神情，渐渐变得凝重起来。鹿新弟的母亲回家后，姥姥对母亲说："小四的手怎么一直发抖，是不是有什么病啊？赶紧带他去医院看看。"小四是鹿新弟的小名，他是家里的第四个孩子。由于鹿新弟是家里唯一的男孩，因此，不论是几个姐姐还是父母，都对鹿新弟十分宠爱。鹿新弟的妈妈听后，想到孩子本来身体就不好，便领着鹿新弟去了医院。

因为是铁路系统的家属，所以他们去的是大连铁路医院。化验的结果一出来，母亲和姥姥急匆匆地看了起来，生怕漏了什么重要的信息，一边看一边飞快跑到诊室，将化验单交到医生手中。医生看着化验单，思考了一会儿，发现只有一项化验结果超标，但鹿新弟的病因没彻底查清，于是，医生将鹿新弟安排到了儿科住院。

那是鹿新弟第一次住院。鹿新弟来到儿科病房，周围的其他"小病号"也纷纷围了过来。"你是啥病啊？""家住哪里呀？"鹿新弟看着这些热情的"病友"，平静地与他们交流，大家也从陌生变得熟悉起来。

让人没想到的是，在一系列检查和诊断后，鹿新弟仍然没有出院，整整两个月，病没见好，身体反而越来越差，体力也渐渐跟不上，他上二楼都累得气喘吁吁。母亲看在眼里疼在心里，一

⊙ 儿童时期的鹿新弟与父母、姐姐们的合影

股酸楚从鼻尖涌上眼睛。

最后在医生的建议下，鹿新弟又从儿科转到了神经科。但是神经科是成人病房，医生们不愿意接收他，最后，还是院长发话，鹿新弟才从儿科病房成功转到神经科病房。住进神经科病房的第一天，大夫便让鹿新弟接受穿刺手术。腰椎穿刺，是一种通过穿刺腰椎间隙来抽取脑脊液或注射药物的临床操作。它不仅是诊断脑膜炎、脑出血等疾病的重要手段，也是评估神经系统疾病治疗效果和病情进展的有效方法。

父母听后很担忧，害怕孩子做了穿刺手术会影响智力。可住在病房里的鹿新弟表现得镇定且从容，他走到母亲身边，用小手轻轻扶着母亲说："穿刺吧，穿完我的病就好了，就可以上学了。"说到上学，鹿新弟的眼中似乎更有神采了。

第二天，鹿新弟在医院走廊走着，可能预感到自己的病很快就能治好了，心情便是一阵愉悦，步伐似乎都带着风。鹿新弟走着走着，不自觉地走到了手术室门口，抬头一看，"手术中"的灯牌亮着，走廊里有些暗，安静又阴凉。鹿新弟站在手术室门口，只能听到手术器材碰撞的声音，还有医生和病人细微的交谈声。一丝凉风吹过，鹿新弟的心里有些发毛。

鹿新弟好奇地朝门内看去，透过锁眼，他看到了手术室内的景象。"啊！"震耳欲聋的声音透过重重的手术室门传到鹿新弟的耳中，他被吓得一震。那一声尖叫让他恍惚，他又往锁眼内看了看，他认得那个人，是跟他一个病房的病友。此刻病友蜷缩在手术台上，眼睛瞪大，脸上似乎还有细密的汗珠，哪里还有平常鹿新弟看到的那副神采飞扬的表情？一根针直直插进他的腰椎，"啊！"又一声尖叫，鹿新弟慌了，拔腿就跑。隔着手术室，疼痛似乎都传到了他的身上。跑到病房，鹿新弟双手冰凉，头上也渗出了汗珠，这给他留下了很严重的心理阴影。

从那以后，鹿新弟说什么也不做穿刺手术了，也绝口不提穿刺的事情，母亲问："你为什么不做穿刺了啊？"

鹿新弟胆战心惊，手脚都有些微微发抖，"我不做了，我……我不做了。"

父母便决定放弃穿刺，医生又尝试了其他的治疗方法，鹿新弟中医西医都看了，但就是没效果。从儿科到神经科，方法都试了，其他的检查手段鹿新弟不肯接受，父母也心疼他，在身体休养好后，鹿新弟便直接出院了。

直到今天，鹿新弟的手依然抖动，不过，这只发抖的手并没给他的生活造成太多的困扰与折磨。他唯独对父母那段时间的艰辛满怀感慨，随着年龄的增长，这份感激之情变得愈发浓重，到如今仍会有所惦念。

"小王国" 里的生活

一位阿姨手里拿着一块玉米，笑着把玉米递给了眼前这个一米出头的孩子。

"小鹿，拿着，这是阿姨给你的，不许不要哦。"

"阿姨，谢谢您，我不能要。"

"哎呀，你就拿着，听话，乖。"

阿姨没有放下自己的手，轻轻地把东西往鹿新弟的口袋里放。鹿新弟遮住口袋，礼貌地摆摆手，在连续推让之下，阿姨只好放弃了这个打算，轻轻叹了一口气，有些怜爱地笑着说："小鹿真是个乖孩子，就是你妈妈管得太严了。"鹿新弟憨厚一笑，邻居阿姨看鹿新弟这番模样，蹲下来拍了拍鹿新弟的肩膀。"去玩吧！"阿姨温柔地告诉鹿新弟，随后看着鹿新弟去和其他孩子玩耍。

鹿新弟深深扎根于那个充满温情的大院。这个大院，不仅是他童年的乐园，更是他一生中最珍贵的记忆。而这一切，与他的父母有着千丝万缕的联系。鹿新弟的父亲是江苏徐州人，母亲是吉林四平人。父亲和母亲都是企业员工，母亲在大连化工厂当电工，父亲在大连铁路北车辆段当检车员。在当检车员之前，鹿新弟的父亲在铁道部第三勘测设计院（下称"铁三院"）从事地质勘探工作。铁三院的总部在天津，只要有修铁路的地方，鹿新弟的父亲就需要前去勘探。哪里需要他，他就要去哪里，更换工作地点成为家常便饭，而铁三院在大连有一个分院，鹿新弟的父亲就是在这里遇见了他的母亲，为了爱情，他放弃了铁三院的地质勘探工作，落户到了大连，转到地方铁路系统工作，在大院里开启了新的生活。

这个大院里，每家每户都挨得很近，邻里间的距离被温馨的亲情和友情缩短，家家户户紧密相连。叔叔阿姨、大爷大妈，鹿新弟对他们都如家人般熟悉，他们互相串门，分享着生活的点点滴滴，营造出一片和谐融洽的氛围。鹿新弟在这片天地里尽情玩耍，享受着无忧无虑的童年时光。在鹿新弟眼中，这个大院不仅仅是一个居住的地方，更像是一个充满爱和温暖的"大家庭"。

鹿新弟小时候乖巧懂事，很受邻居们喜欢。有时候看见他路过，大人们都忍不住喊他，把小孩子爱吃的东西拿出来递给他——有时候是一块玉米糖，有时候是一个小红薯。可让邻居们惊讶的是，鹿新弟总是摇着脑袋，并表示不拿他们的任何东西。

⊙ 鹿新弟小学时在铁路大院留影

不论那些长辈如何劝说，他都始终坚守着自己的原则，不轻易接受别人的东西。他礼貌地说："谢谢叔叔阿姨，我不能要。"

有些人看到孩子如此坚持也就作罢了，有些人却开始"埋怨"起了鹿新弟的母亲。有一回，一个长辈看到鹿新弟的妈妈路过，皱着眉头，轻声说："你是不是把小鹿管得太严了啊？他从来不敢要我们给的东西。"当时大院里不少人都觉得一定是母亲管教得太严格，所以鹿新弟才不敢接受他们的东西。而鹿新弟的母亲也很少向长辈们解释，大多时候都是笑一笑，简单表示："你们的好意心领了，但不能要就是不能要，要让孩子从小养成好习惯。"

小时候的鹿新弟，对于母亲的严格管教和邻里间的热情馈赠，内心常常充满了疑惑和矛盾。多少次邻居们对他投以亲切的目光并给予东西时，他都会盯着好吃的，有时还会咽口水，每当他想要伸出手去接受邻居们的礼物时，脑海中就会浮现母亲叮嘱的话，那些话语像是一道无形的屏障，让他止步不前。于是，他总是把东西轻轻地推远，坚定地拒绝邻居们的好意。这个习惯，也一直伴随着鹿新弟，直到现在。

鹿新弟所在的大院是一片10栋楼组成的大区域，那些楼是仿苏联式的建筑，大家都叫它铁路大院103号。大院里住的都是铁路家属，大家来自天南海北，每两户人家共用一个卫生间和厨

⊙ 鹿新弟小时候与姐姐们的合影

房。夏天，居民们纷纷走出家门，在凉爽的夜风中乘凉，交流着日常琐事和邻里间的温馨故事。到了冬天，大家则依偎在屋内，烧煤取暖，度过寒冷的时光。在这个大院里，不必每顿饭都守在自家的小餐桌旁，互相串门，在对方家中就餐成了家常便饭。大人们围坐在一起，谈论着工作和生活中的点点滴滴，孩子们则分享着学校里的趣事和欢乐。饭后的娱乐活动更是丰富多彩，邻居们似乎总有说不完的话，岁月在这里静静流淌，留下无数美好的回忆。如今，鹿新弟回忆起来，脸上也总是掩饰不住那一抹笑。

在不上课的时候，孩子们叫上大院里的小伙伴，一起在楼下踢键子，骑着自行车出门遛弯儿，去山上看风景，去海里捉小鱼。他们还用废旧物品创造了属于自己的"罐头游戏"，所谓"罐头游戏"，就是把空罐头放在地上，孩子们通过石头剪刀布决定出一个负责抓住所有人的"鬼"，在剩下的人中选出一个人把空罐头踢飞，"鬼"需要将空罐头放回原位，再开始抓人，其余人则要在这段时间内尽力藏起来，不被发现，一场博弈就此展开。他们不但自创了"罐头游戏"，还用废旧物品开发出其他独属于他们自己的游戏项目。那时候的娱乐活动不多，但是孩子们的想象力是无穷无尽的，他们总能找到方法释放天性。

坚持与努力

1975年，鹿新弟进入抗大小学，那时候学校的条件还十分艰苦，整个小学只有一排平房，连个像样的厕所都没有。上课用的课桌椅全是学生和老师自己制作的。一年后，他又转入了长青小学。

鹿新弟也是在这个时候，被体育老师选拔出来成为跳高运动员的。在这之前，鹿新弟还机缘巧合参加了文艺队。尽管鹿新弟平时也参加文艺队的训练，但是真正上台表演的次数只有一次。有一天，鹿新弟忍不住问同学，为什么同样参加训练，别人都能上台表演，自己却好几次都无法登台。同学这才把从老师那里听来的话告诉鹿新弟，因为他长得太高了，和其他同学的身高不匹配，最终呈现的舞台效果不好。在文艺队中，鹿新弟因为身高处于劣势；但在体育队中，情况则大不相同。体育老师发现了在文艺队中"鹤立鸡群"的鹿新弟，看到了他的身高优势，热情地邀请他参加跳高训练。鹿新弟也没有辜负老师的期望，每次参加跳

⊙ 鹿新弟（右）9岁时和表弟的合影

高比赛都能拿到第一名的好成绩。

面对横杆，其他同学总会感到有压力，在跳跃时需要用尽全力才能勉强过杆，跳得不够高的，常常连人带杆一起摔倒。而轮到鹿新弟跳的时候，身高的优势被他发挥得淋漓尽致，他只需轻轻抬起腿，便可凭借着腿长的优势轻松跨越一般的高度，后脚和腰部同时轻轻一用力，他就可以稳稳地过杆，最后安全落地。这样的身体天赋给了鹿新弟极大的自信，他也在体育训练上付出了许多努力。其他同学放学回家了，鹿新弟总是默默收拾书包，走到操场，架起杆子，一遍又一遍地重复体育老师教授的动作。每跳一次，他都会反思自己动作上的问题，一次又一次地纠正，让标准动作形成肌肉记忆，这也使他的跳高水平不断提升。

不论是体育课还是运动会，一到跳高这个项目，鹿新弟在同学们眼中都是当仁不让的。虽然同学们和老师都称赞鹿新弟，但是他对训练没有松懈。不仅在放学后独自练习，在遇到瓶颈时，鹿新弟还会主动向老师询问方法，并加强训练。鹿新弟越战越勇，大连市体校来到长青小学挑选队员，鹿新弟表现的机会来了。体校的老师看过他的表现，眼神中尽是欣赏。鹿新弟不出所料地收到了体校的邀请。然而，鹿新弟的父亲知道后，并没有让孩子去，他担心孩子练体育要吃苦，于是拒绝了。对此，鹿新弟没有说什么，他明白父亲的担忧，但他也没有放弃跳高。一路坚

⊙ 鹿新弟小学时和姐姐们的合影

持下来，鹿新弟在小学五年级参加大连市少儿跳高比赛时，打破了大连市少儿跳高纪录，将新纪录提升到了一米四。正因如此，鹿新弟作为体育特长生被保送进了大连市第一中学。

得知这个消息，鹿新弟异常兴奋，因为大连市第一中学是他梦寐以求的学校。大连市第一中学办学历史悠久，还被评为全国重点中学，身处名校的光环之下，他意识到，相比体育，自己的文化成绩还需要提高。

青紫色的印痕

鹿新弟的父母原本对孩子们要求十分严格，他们希望孩子们能够在各方面做得尽善尽美。然而，自鹿新弟记事起，父母却从未对他动过手，甚至很少批评他。其中的原因，一方面是他老实勤恳，让人省心；另一方面则是他是家中幼子，父母对他多了几分怜惜，更多地采用温和的引导方式。

事实上，在成长过程中，对鹿新弟要求最严苛的人是他自己。他是自己最严厉的批评者和监督者，始终以高标准来要求自己。

1981年，鹿新弟满怀憧憬地进入大连市第一中学。此后，他感到压力如潮水般不断涌来。虽然在体育训练上，他游刃有余，信心十足，总能取得令人满意的成绩；但在文化课方面，他的天赋却与体育截然不同。尽管他已经竭尽全力，但结果总是事与愿违。

鹿新弟始终想不明白，为何同样的学习内容，别人能够轻松掌握，自己却学得如此吃力。初一时，在完成数学作业的过程中，他遇到了难题。看着那密密麻麻写满算式的草纸，他不断擦掉已演算的式子，重新计算。父亲发现后，弯下腰，用笔在题目上做着标记，耐心地为他逐步讲解解题方法。然而，那些数字、符号就像天书一般，进入鹿新弟的脑海后变得异常陌生且扭曲。他用力地挠着头，眉头紧锁，最后只能无奈地摇摇头。父亲见状并未动怒，尽管这已经是第二次讲解，他擦掉题目上的记号，再次耐心地讲解起来。在这个过程中，父亲始终表现得耐心温和。鹿新弟凝视着父亲，心中一阵酸楚、烦闷，不由得用力拍打自己的脑袋。他暗自懊恼，为什么自己如此愚笨，学习成绩如此差。想着想着，他便在身上掐出了一大片青紫色的印痕。父亲将这一切看在眼里，轻轻摸了摸他的头，示意他不要再伤害自己。鹿新弟停下了手上的动作，擦掉眼角的泪水，但眼中的不甘并未消退。当时，姐姐在一旁目睹了这一切，此后每当回忆起这件事，姐姐总会提及弟弟的倔强。

一分耕耘，一分收获。在大连市第一中学的三年，是鹿新弟刻骨铭心的三年。在初一和初二时，班主任对他格外关注。他在体育方面表现出色，总能在体育比赛中为班级赢得荣誉，班主任也时常鼓励他。

1983年，鹿新弟升入初三，班级也迎来了一位新的班主任。初三阶段的学业异常紧张，这位老师自然更加关注学生们的学习成绩。然而，鹿新弟的成绩在班级中并不突出，因此老师建议他报考技校。鹿新弟对这个建议心存疑虑，但经过深思熟虑，他还是决定将技校作为自己的目标。最终，他以出色的成绩考入了辽宁省大连柴油机厂技工学校。

30年后，鹿新弟在同学聚会时回到了母校，坐在曾经的座位上，往昔的点点滴滴在他脑海中不断浮现。望着昔日的同学，他感慨万千。有时路过大连市第一中学，他也会回忆起那段美好的初中时光。

毕业考试，精度第一

1984 年，鹿新弟踏入辽宁省大连柴油机厂技工学校。进入技校后的第一件事就是分班。学校根据成绩将学生分成了两个班，成绩优秀的一批进入钳工班，其余的进入车工班。鹿新弟凭借优异的成绩，成功进入了钳工班。

车工和钳工都是机械加工中的关键工种，但它们的职责有所不同。通常来说，车工主要使用车床等工具对工件进行加工，生产出普通零件。而钳工主要使用卡盘、钳子等工具夹持工件，进行定位、夹紧和切削等操作，从而制造出各种形状复杂的零件。由于职责的差异，车工和钳工所使用的工具也各不相同。车工主要使用车床加工工件，因此需要熟练掌握车床的各种操作技能，如快速换刀和悬臂梁操作等。钳工则以手工操作为主，分为装配钳工、机修钳工、划线钳工等，主要使用锉刀、划针等工具。在实际生产中，车工和钳工的工作难度也存在差异。

三年的技校时光转瞬即逝，鹿新弟一半时间在技校学习理论知识，另一半时间在工厂实习。刚实习时，他被分配到工具车间，跟随师傅从基本功练起。第一项训练是手锤练习，由于鹿新弟之前没有接触过手锤，师傅耐心地讲解道："练习手锤时，要左手握住扁铲，右手用锤子击打扁铲上部，注意一呼一吸，有节奏地击打。"开始练习时鹿新弟的双手不协调，注意力也不够集中，一不小心就会打到自己的手。受伤的地方立刻肿了起来，一周都好不了。尽管如此，鹿新弟还是坚持带伤继续练习。师傅告诉他，如果因为一次受伤就产生畏惧心理，那么再练习时就会胆怯，恐怕以后就再也不敢举起锤子了。不过，当功夫到家后，每一锤都能准确地打在扁铲上。正所谓熟能生巧，只有经过时间的磨砺，才能真正达到精通的境界。鹿新弟深受鼓舞，他曾经练过体育，在体力和毅力方面有着超越他人的优势，再加上踏实的性格和对自己的严格要求，三年下来，他不知重复了多少次举手落锤的动作，终于掌握了钳工的专业技能，能够独立完成一些简单的工作了。

时光飞逝，转眼间就到了毕业实操考试的时候，这场考试至关重要。考试内容是要求学生将板材加工成一个凹凸形状的零件，而且最终呈现的零件必须能够严密地插入指定的空隙中，尺寸需要完全符合要求。这不仅检验精度，还考验专注度和体力。三年所学的钳工专业技能，都能在这场考试中得到展现。

⊙ 鹿新弟青年时期的一组照片

桌子上摆放着一把虎钳夹，右边是一把锉刀，还有其他各种各样的工具。鹿新弟看着桌上的工具，深吸一口气，脑海中回忆着上课时学习的内容，以及训练时的场景。划线、錾削、锯削、锉削、钻孔、扩孔、锪孔……这些操作技法犹如电影般在他的脑海中不断闪现。此刻，他的眼中只有材料，只要拿起工具，动了第一下，就必须对得起这块材料。

时间在一分一秒地流逝，鹿新弟的额头上冒出了细密的汗珠，但他并没有停下手上的动作。渐渐地，已经有同学完成并提交了成品件，他周围的人越来越少。又过了一段时间，鹿新弟看着自己精心打磨出来的零件，长舒了一口气，然后举手示意提交。然而，当抬起头时，他发现周围除了老师，已经没有其他同学了。老师看了看表，伸出一根手指对着鹿新弟说："你已经晚了一个小时。"

幸运的是，老师对他的专注和认真态度非常赞赏，并没有为难他，而是让他正常提交了成品件。老师将他的成品件交给一位老师傅，老师傅急匆匆地接过成品件，显然，他也没想到会拖延这么长时间。当他摸到成品件时，眉头不禁皱了一下，但很快就露出了惊讶的神情。显然，这块成品件比他之前接触到的其他成品件都要出色，他立刻来了精神，坐下来开始认真检测。检测过程中，老师傅不时发出赞赏的声音。

评定结果出来了，经过专业老师傅的评定，鹿新弟打磨出来的成品件在精密度和整体水平上都排在第一位。老师傅爱不释手地盯着成品件，赞叹道："一般来说，能精确到零点几就可以算是优秀的成品件了，这个学生交的成品件，用工具测量竟然是零误差。"说到这里，又是一阵赞叹。

三年学习期满，经过技校的综合评定，鹿新弟被认定为三级工。在当时的一百名毕业生中，只有三个人获得了三级工的评级。鹿新弟对此感到非常高兴，这不仅是对他努力的肯定，也意味着他未来能够获得更高的收入。二级工的工资是每月四十八元，而三级工则是五十二元。面对这样的结果，鹿新弟每次想起都会感到无比幸福，同时他也明白了一个道理——不努力就不会有好结果，付出就会有回报。

提到弟弟鹿新弟，姐姐鹿静的脸上总是流露出自豪的神情。鹿新弟是全家人的骄傲，每当谈起他，鹿静总是赞不绝口。在姐姐眼里，鹿新弟是一个很有原则的人，他热爱工作，热爱生活，积极向上，思想品德高尚。他对工作认真负责，刻苦钻研技术，有一种不服输的韧劲儿。他今天能取得这样的成绩并非偶然，他把自己的休息时间都投入工作了。有一次，父亲生病，鹿新弟好不容易抽出时间来探望，没聊几句就坐着睡着了。姐姐心疼地对他说："你现在已经获得了这么多荣誉，也要多为自己的身体考虑，适当放松休息，舒缓一下身体的疲劳。"他却认真地对姐姐说："国家给了我很高的荣誉，我要更加努力工作，为国家多做贡献，我觉得我的时间都不够用啊！"听到这些朴实的话语，姐姐不禁泪眼模糊，弟弟的心里装的始终是工作。美中不足的是，弟弟全心投入工作，无暇顾及自己的生活，耽误了终身大事，这让做姐姐的感到非常着急！

扫码解锁
◉群英颂歌 ◉业精于勤
◉技艺传承 ◉奋斗底色

第二章　业精于勤

扫码解锁

◎群英颂歌 ◎业精于勤
◎技艺传承 ◎奋斗底色

苦寒磨砺，终成大器

1987年，鹿新弟从大连柴油机厂技工学校毕业，并以第一名的毕业成绩被直接分配到大连柴油机厂研发部试验室。当时按照成绩高低一共有五名同学被分配到试验室，后来由于种种原因，有的同学进行了调岗，有的同学转行了，试验室就只剩下鹿新弟和另一名同学。

1987年8月15日，是鹿新弟入职的第一天，他满怀期待，一大早就来到了单位，但他没有钥匙，只好一个人在试验室外面等待其他同事的到来，一个小时过去了，试验室的门终于开了，蹲着的鹿新弟马上站起身来，因为蹲太久，双腿有些微微发软发麻，即使如此他仍快步走进了试验室。试验室的班长宋成金为鹿新弟等人一一介绍了试验室里的师傅们。鹿新弟等人对师傅们还很陌生，也没有什么机会进行实操，于是，大家便在旁边跟着师傅们学习。

被师傅们围住的，是一台最为普通的柴油机，对于刚入行的鹿新弟而言，虽然不认识，但仍觉新鲜，而柴油机的样子，深深地印进了鹿新弟的脑海里：那是一台堪称"粗犷"的机器，从整体来看，它有着宽大的底座，这保证了其运行时的稳定性。底座上方是气缸体，它是柴油机的核心部分，承载着气缸、曲轴箱等重要组件。气缸体上方则覆盖着气缸盖，它密封着气缸的顶部，并与气缸体紧密相连。柴油机的侧面分布着燃油供给系统，这是柴油机的另一个重要部分。燃油供给系统包括燃油滤清器、燃油泵和喷油器等组件，它们协同工作，将柴油从油箱中抽取并精确喷入气缸内，在与空气混合后进行燃烧。机器的周边分布着各种部件，上下部分被不同颜色的喷漆覆盖。虽然对于其他人来说这就是一台普通的柴油机，但在鹿新弟眼里，这是力与美的结合，是工业与激情的碰撞，是在千锤百炼中锻造出的钢铁之花，更是一颗在隆隆作响的钢铁心脏。

望着这颗"心脏"，鹿新弟看呆了，而"心脏"周围的师傅们围着它开始调试。功率、扭矩、油耗、烟度……如此多的数据，这颗"心脏"在师傅们手中仿佛在跳动，有时隆隆作响，有时酝酿能量等待释放。柴油机的启动和关闭，一开一关，牵动着鹿新弟的心，他被这精密复杂又充满无限可能的大铁盒子吸引住了。看到师傅们做的，他首先想到的是：柴油机试验怎么会这么神奇！大量的动态数据变换，让鹿新弟饶有兴趣。看着周围的厂房，想到以后，他握紧双拳为自己打气，那一刻，他觉得自己来对了地方。

看完这场盛大的调试表演，鹿新弟回到家后对这一项工作进行了分析。作为刚刚毕业被分配到试验室的技校生，资历最浅、年龄最小，因此鹿新弟也不急，他相信一步一个脚印，一定能有所收获。鹿新弟望向不远处的试验室，里面摆着CA6100B3Q型号柴油机。他的眼神逐渐火热起来，那眼神中有光，是期待即将正式进行试验的灼热目光。

拜师学艺的秘密攻略

在试验室终于有机会进行实操了，大家没有专属的师傅指导，所以有任务时都是大伙儿一起干。鹿新弟认为这样的工作方式既不能让他切实进步，也没法让他触及核心技术。过了一段时间，鹿新弟找了个机会，对试验室的班长宋成金说："宋师傅，您能不能给我们指定一个师傅啊？这样可以学到更多更专业的技术。"

宋成金昕完，稍加思索，答应了下来："可以，这几天就安排吧。"

鹿新弟听到肯定的答复后，心里松了一口气，对于找师傅这件事，鹿新弟是有私心的。他们所在的试验室里，黄师傅是数一数二的柴油机喷油泵技术专家，虽然他平时话不多，但在单位，领导和同事都十分尊敬他。能得到如此待遇，正是因为他的技术足够高超，可以说整个试验室无人能比。黄师傅轻易不出手，一出手应对的便是别人啃不动的硬骨头。因为黄师傅的技术过硬，所以鹿新弟一直想拜他为师，但于情于理，跟自己试验室的班长明说都不大合适。为了拜黄师傅为师，鹿新弟决定采取迂回战术。

指定师傅的事情得到了班长的支持。鹿新弟要做的第一件事，就是征得黄师傅的同意和认可。黄师傅看着这个上班时间不长的小伙子，听他讲了在试验室的经历，又上下打量一番，扶了扶眼镜，轻轻点了点头。鹿新弟喜出望外。

在确定师徒关系的那天，黄师傅指了指鹿新弟，说："我就带那个瘦高个戴眼镜的小伙子吧。"鹿新弟窃喜，终于得偿所愿了。然而，黄师傅身体欠佳，且临近退休了，无法正常出勤上班，就把鹿新弟和他的其他徒弟安排到了一块儿，让鹿新弟跟着他的徒弟段世胜一起工作。鹿新弟也理解黄师傅，于是更努力地学习技术。当时，试验室有一台日本制造的杰克塞尔喷油泵试验

⊙ 鹿新弟（二排右一）工作后全家合影留念

台，只有两个人会使用这个试验台，一位是黄师傅，另一位就是段世胜。试验室每次进行台架试验，需要调整喷油泵，都找段师傅，因为再没有其他人可以胜任了。看着段师傅调试时的风采，鹿新弟暗暗和自己说：一定要下功夫把这个学会，要学就学技术含量高的。

可惜好景不长，段师傅带鹿新弟没多久就因工作需要，被调到了其他车间。一时间没有了师傅，鹿新弟迷茫了，别人都有师傅带，自己的师傅却被调走了，以后要怎么工作，怎么学技术？

没有师傅的那段时间把鹿新弟愁坏了，但无论如何，技术都必须要学。之后，他总是趁着下班时间跑到黄师傅的家中，把工作中遇到的技术性问题一一向黄师傅请教。好事多磨，虽然过程波折，但鹿新弟也因此收获颇丰。

热情好学，开启维修之路

　　厂里的技术"大拿"——宋成金，因其精湛的技艺和对工作一丝不苟的态度，成为众人称赞的对象。鹿新弟也对他钦佩不已，拜师的想法在心中生根发芽。

　　宋成金虽然技术过硬，但脾气很是火爆，一般人"伺候"不了。鹿新弟要拜宋成金为师的消息一传开，不少人劝鹿新弟"再考虑考虑"，鹿新弟的选择却坚定不变，他心想：宋师傅的技术全厂最强，跟着他肯定能学到真功夫。鹿新弟明白"宝剑锋从磨砺出"，他坚信在这位严师的教导下，自己能学到真本事。于是，他在心里告诉自己：挨骂也是一种成长，能学到东西才是最重要的！

　　面对求知欲望强烈的鹿新弟，宋成金在暗自高兴的同时出了一道"考题"：让鹿新弟用一个小时的时间为大家讲授发动机燃油系统的知识。接到任务的那一刻，鹿新弟深知这是一次难得的机会，他立刻全身心投入准备工作中。

　　那段时间，鹿新弟成为工友们眼中的一道独特风景线。他不停地往返于厂子和图书馆之间，仿佛不知疲倦的陀螺。每次回来，他要么抱着一摞摞书籍，要么拿着一沓沓资料。即使休息时间，他也毫不松懈，不停地整理着笔记。有人好奇地看了一眼他那密密麻麻的摘抄，不禁竖起大拇指。

经过半个月的精心准备，鹿新弟终于站在了宋成金和同事们的面前。他口若悬河，以生动有趣的方式将复杂的知识讲解得清晰明了。一个小时的讲解结束后，现场响起了热烈的掌声。宋成金看着鹿新弟手写的整整 20 页教案，满意地点了点头，问道："这都是你自己写的？"鹿新弟认真地回答道："是的，师傅。这些资料是我跑遍各处搜集来的，图是我一笔一画精心绘制的，教案中的每一个字都是我用心写出来的。"

鹿新弟察觉到师傅对自己的课件感兴趣，心中燃起了希望的火苗。他将自己这段时间的努力和付出毫无保留地告诉了师傅。

宋师傅听完后，微微点头，注视着鹿新弟那热切的眼神，缓缓开口："你要是想学，以后就跟着我好好干活儿吧。"

听到师傅愿意收自己为徒，鹿新弟的喜悦之情溢于言表。他努力克制着想要大笑的冲动，抿着嘴，向师傅点头，艰难地吐出几个字："好的，好的，谢谢师傅。"

待师傅走远，他才放松下来，笑容在脸上绽放。他凝视着不远处的设备，对未来的工作充满了期待。

从挫败到默契的蜕变

　　虽然鹿新弟做好了心理准备，但当他跟在师傅身边学技术的时候，还是被师傅的严厉吓了一跳。

　　鹿新弟跟着宋师傅学习，第一件负责的事就是在宋师傅调整喷油泵时给师傅递工具。当时，厂子里头的设备大部分是国外生产的，普通的技术人员都不敢随便碰触，一来是不够熟悉，二来也是担心调整的精度不达标，只有老师傅才敢碰。

　　宋师傅在调整喷油泵时很少说话，只有在必要时，才简短地告诉鹿新弟需要的工具。他说什么工具，鹿新弟就从工具箱里找出来，师傅也不多看，拿过来就用，这也是对鹿新弟的信任。在开始学习的这段时间里，最重要的就是观察。鹿新弟也尽力从师傅那里学会更多东西。

　　刚开始时，鹿新弟凭着之前对工具的了解，还能勉强应付，渐渐地，设备调整难度增大，零件增多，他完成这项工作变得吃力。师傅的严厉，也是在这个时候开始体现的。

"你想啥呢？啊？根本不是这个！你自己看看这个12毫米的扳手跟这个螺丝能不能对上！"宋师傅对着鹿新弟大喊，鹿新弟的脑子一阵嗡嗡作响，师傅的嗓门很大，眉头皱得很紧，脸上还带着些许怒气。鹿新弟不禁有些脸红，师傅调整的速度很快，他一时没跟上，慌忙之中就拿错了。

"师傅，不好意思。"鹿新弟小声道歉，又转身低着头找工具。他终于体会到了师傅的严厉，这要是被多骂几次，恐怕自己也吃不消了。

见识过了宋师傅的"威严"，鹿新弟再递工具的时候总是很紧张，生怕一个不注意，师傅又生气了。

"怎么这么慢，快点！"师傅的呵斥声再次响起，鹿新弟一个激灵，双眼近视的他迅速在工具堆里摸索着，摸了一个，来不及细看，快速放到了师傅的手里。他没注意到，自己又递错了，先前几次，已经因为递得慢被师傅严厉批评了。

"你在想啥啊？能学就学，不能学赶紧走人！"鹿新弟还没来得及准备，师傅的声音已经震耳欲聋，师傅满眼怒意看了眼工具，一个甩手，直接丢了出去，径直砸在地板上，发出咚的一声响。这不是师傅第一次这么干，很多工友都见过。这一次，工友们都在旁边，鹿新弟在大家伙儿面前被师傅这么劈头盖脸一通骂，脸上红一阵儿青一阵儿，嘴唇有些微微发抖，师傅这个做法刺伤了他的自尊心，他却不能说什么。这次他没有道歉，默默地找到对应的工具交给师傅。

鹿新弟明白，师傅的话虽然刺耳，但如果不是自己做错了，又怎么会被师傅批评。挨了好几顿批评，鹿新弟回家开始反思被骂的原因。那个晚上，他想了很久，得出两个结论：一方面，自己在工作的时候专注度不够；另一方面，自己没有真正从一名技工的角度去思考问题，在师傅工作的时候，自己只负责完成师傅的指令，需要什么工具递什么工具，却没有认真思考师傅正在进行的工序需要什么工具，这是自己一直忽视的地方。现在的他，不需要调整设备，只需要观察师傅是如何进行设备调整、维修的，所以，自己应该脑子转得比师傅还要快。下一步师傅需要什么工具，自己应该提前准备好。

想通这一点，鹿新弟在之后的工作中进步飞速，再和宋师傅配合时，好像做手术的医生和助理一样默契，师傅还没等开口，刚一伸手，鹿新弟就知道师傅要什么工具。宋师傅话还没说就拿到了工具，怔了一下，点了点头，说了声"好"，转头继续工作了。鹿新弟与师傅配合得越来越好，宋师傅慢慢没有了"骂"他的机会。但鹿新弟知道要不是师傅之前的"责骂"，自己也不会这么用心钻研这份工作了。后来，那些进口的设备变成了"除老师傅和鹿新弟以外，谁都不敢碰"。

如何啃"硬骨头"

试验室接收到了一块难啃的"硬骨头"——俄罗斯卡玛斯柴油机的喷油泵。

宋师傅让鹿新弟把喷油泵装到试验台上，鹿新弟盯着这个喷油泵上下打量，这是鹿新弟第一次看到V型喷油泵，他之前甚至没有听说过。在确认自己毫无办法后，他老实地对师傅说："这个我不会弄。"宋师傅摆了摆手，"你先把它装到试验台上，我弄。"宋师傅胆大，不管是国内的还是国外的柴油机，没有他不敢摆弄的。

鹿新弟将喷油泵在试验台上安装好后，宋师傅便开始操作。鹿新弟在旁边观察，他发现油泵处于高速不断油的状态。如果这个故障不解决，就会造成柴油机车在行驶过程中超速，给车辆带来安全隐患，也会影响柴油机的可靠性。发现问题后，鹿新弟盯着宋师傅看。宋师傅调试了好一会儿，鹿新弟发现师傅并没处理好这个问题。师傅放下扳手，将试验台停机，背着手走到一旁去了。鹿新弟没有跟过去，他知道师傅是去抽烟了，只要宋师傅手里的问题没有解决，一时又想不出办法，他就会到一旁抽烟。看到师傅走了，鹿新弟心领神会，站起身来，走向那块"硬骨头"，替师傅完成剩下的工作。在其他工友看来，这就是鹿新弟和宋师傅的"接力赛"。鹿新弟的调试，大多时候并不能加快喷油泵的调试进度，但是鹿新弟仍然享受着这个过程。有的时候因为自己技术水平有限，鹿新弟找不到故障原因。这时他就会坐到宋师傅的对面，一句话不说，其实也就是给宋师傅暗示：他已经找不到解决的办法、不知从何下手了。

宋师傅也不急，两个人就这么对坐着，谁也不说话。过了一会儿，鹿新弟看见宋师傅掐灭香烟，用眼神示意他，又向机器指了指，说："那个地方好好看一看。"师傅这么一提醒，鹿新弟就按照师傅指的方向，开始更加仔细地观察机器运动的过程以及各个部件之间的联动，最终成功地找到问题的关键所在。鹿新弟开始思考解决办法，师傅在一旁指点，这样的工作模式给鹿新弟留下了深刻的印象，也为他日后的职业生涯打下了坚实的基础。经过长时间的锤炼和磨砺，他的技术水平有了很大进步。

鹿新弟的进步离不开师傅的教导。在一次柴油机的装配过程中，在安装密封垫片的时候，鹿新弟因为疏忽，将密封垫片装反了。因为密封垫片正装反装均能安装上，所以这个错误并未立即被发现。密封垫片主要是通过连接螺栓的预紧力达到足够的密封比压，以阻止被密封的压力流体介质外泄；一旦装反，便会导致泄漏。

在快完工的时候，宋师傅走了过来。宋师傅经验丰富，一眼就看出了这个纰漏，转身对着所有人问道："这个垫片是谁装的？"鹿新弟见状，未多加思索，决定承认错误，心想大不了挨一顿批评教育，于是直接答道："我安装的。"鹿新弟抱着接受任何结果的心态，然而这个"结果"却出乎他的意料。宋师傅瞥了鹿新弟一眼，什么也没说就走了。

一时间，鹿新弟的心里五味杂陈。若是按照宋师傅以前的脾气，轻则当面责骂，重则数日不让其上手实践。但这次师傅却选择了最轻描淡写的"惩罚"。鹿新弟想说出口的话到嘴边，却像被堵住一般，无从表达。那一刻，鹿新弟最希望的就是受到师傅的责罚。而师傅什么话也没说就离开了，只留下鹿新弟一人愣在原地，这让他心里非常不舒服。

正因这件事，鹿新弟之后在安装密封垫片时，再也没有出现过装错的情况。

第三章　学以致用

扫码解锁

◉群英颂歌 ◉业精于勤
◉技艺传承 ◉奋斗底色

学习喷油泵技术

　　鹿新弟在工作中锐意进取，厚积薄发，其工作技能在实践中不断提升。他认真钻研的劲头也得到了大家的认可，终于有一天，试验室宋班长找上了他。

　　宋班长看着鹿新弟，试探地问："派你到大泵厂（大连油泵油嘴厂的简称）学习，你愿意吗？"

　　鹿新弟一惊，随后便是一阵喜悦，大泵厂，就是大连油泵油嘴厂，是1956年成立的油泵制造企业，主要经营拖拉机和内燃机的配件制造，其中以喷油泵最为突出。喷油泵是柴油机上的一个重要组成部分，通常是由喷油泵体、调速器等部件组成的。其中调速器是保障柴油机低速与高速之间平衡，使喷射量与转速之间保持一定关系的部件。喷油泵是柴油机最重要的部件，被视为柴油发动机的"心脏"，它一旦出现问题就会使整个柴油机工作进入失常状态。所以，能到大泵厂学习，对于鹿新弟来说是一次非常难得的机会，他二话没说便答应了宋班长。

鹿新弟在大泵厂进行了为期一年的学习。最开始，他在大泵厂研发部试验室学习，当时的试验室工作量并不大，每天只有一些简单的工作。这些事情并不能满足鹿新弟学习的欲望，对于鹿新弟来说，如果学不到实用的技术，那么这次机会就白白浪费了。十天后，鹿新弟主动向领导申请调到装配车间，领导同意了鹿新弟的申请。来到新的车间，装配、检测、调试，鹿新弟从第一道工序做到最后一道工序，这些步骤，鹿新弟牢记于心，于是他主动揽下更多的任务。当时车间里有个小师傅，鹿新弟帮他把车间内的工作全部完成后，小师傅连连赞叹，忍不住问鹿新弟："你一个人怎么干这么多活儿啊？"

鹿新弟擦了擦手，笑着告诉小师傅："我来这儿就是为了学技术，所以就得多干，多干才能熟悉，熟能生巧嘛。"

一年的时间转眼就到了，鹿新弟回到了原来的工厂，此时的他，在喷油泵方面的技术已经相当高超，这些技术也为他日后的工作打下了坚实的基础。

刚回厂里，鹿新弟便尝试将喷油泵知识和柴油机知识进行融合，一点一点地摸索，建立并更新标准，使之融会贯通。厂里的柴油机，没有他不敢调试的，也没有他调试不了的。不到一个月，鹿新弟就在厂里出了名。针对柴油机未能满足技术要求的参数性能，鹿新弟往往能提出独到的见解，并且能解决其他人难以解决的问题。在一次试验中，柴油机的调速率超标，调速率衡量的是柴油机承担负荷后转速的跌落程度。在场的其他人一筹莫展，鹿新弟看着柴油机，经过短暂思考，他明白调速率超标只受一个部件的影响，那就是调速器，而影响调速器的关键部件，则是调速套筒垫片。但找出症结所在后，又一个问题出现在了鹿新弟面前：关于调速垫片的增减变化，鹿新弟并未研究透彻。厂里的其他同事认为既然已经找到了问题所在，剩下的事情交给厂里其他更专业的人便可以解决，但鹿新弟并不打算轻易放手。其他同事下班后，鹿新弟独自在试验台上做起了试验。他的两只眼睛紧紧盯着零件，深夜的厂房内，一个青年在灯下不断地测试着设备，乌黑的眼睛闪闪发亮，炯炯有神。

之后，鹿新弟除了正常工作，闲暇时都在思考这个问题。有同事对他说："其实你可以把这个问题交给别人解决。"鹿新弟的师傅有时也想帮他完成，但都被鹿新弟婉言谢绝了，他告诉同事和师傅，要彻底掌握一项技术，就需要独立解决。经过了一年的学习和努力，最后，鹿新弟完全摸清了调速器的特性，知道在什么情况下增加垫片，在什么情况下减少垫片。那一刻，鹿新弟如醍醐灌顶，悬在头上的技术难题终于在他孜孜不倦地钻研下成功得以解决。解决这一技术难题，他的心里就踏实了，鹿新弟喜笑颜开，那是他工作后第一次运用自己学到的技术，独自一人解决技术难题。

技术的坚持与突破

20世纪90年代，鹿新弟他们公司的主打产品——CA6110型柴油机，在生产过程中，由于柴油机一致性不好，导致生产车间高压油泵掉队率非常高。基于此现象，需要研发部门介入解决。

提起解放牌汽车CA141型、平头柴等经典卡车，20世纪的很多卡车车主都对这几款车型印象深刻。而提到这些车型，就必须要说到这几款车型的发动机——解放CA6110型柴油机。在一定程度上可以说，正是这款柴油机铸就了这几款车的辉煌。然而，很多人不知道的是，这款和一汽解放汽车有限公司无锡柴油机厂相关的经典柴油机，其实和一汽解放大连柴油机有限公司之间也有着紧密的联系。在国内发动机资源匮乏的背景下，中国第一汽车集团有限公司（以下简称中国一汽）引进了日本的三菱发动机技术，并在此基础上自主研发推出了CA6110型发动机。中国一汽将这款发动机的生产任务分配给了当时国内的两个发动机生产厂，也就是现在大家熟悉的一汽解放汽车有限公司无锡柴油机厂和一汽解放大连柴油机有限公司。到1987年，随着解放CA141等车型的热销，一汽解放大连柴油机有限公司逐渐成为CA6110型柴油机的主要生产厂家。

此次项目的负责人是李维成工程师，他是一个老知识分子，研究生毕业，鹿新弟的师傅提起这个人，常常竖起大拇指。鹿新弟接触下来，发现李维成专业技术非常扎实，理论水平也很高，因此非常愿意和他一起做试验。在和李工程师的交流合作中，鹿新弟学到了许多新的理论知识。李工程师是喷油泵一致性试验的主要负责人，鹿新弟负责配合李工程师进行试验。鹿新弟要做的是按照李工程师设计的技术要求，通过操作试验设备，调整喷油泵，通过机器之间的配合，使柴油机性能指标符合试验规范要求。

在当时，给公司配套喷油泵的有三个厂家。鹿新弟要调整六台标准泵，给每个厂家调整两台，一台公司留存，一台返回厂家。当公司产品在试验过程中出现差异的时候，各个油泵厂家拿出标准泵进行对标验证，以保证每个厂家生产的喷油泵喷油量一致，从而减少喷油泵掉队率。

因为是标准喷油泵，所以对精度的要求非常高。为了符合柴油机负载的要求，喷油泵的供油量必须能在零供油量至最大供油量的范围内进行精确调节。喷油泵主要由泵体、调速器、凸轮轴、柱塞偶件、出油阀、输油泵、供油提前器、逆止阀等部件组成。其中，泵体是整个喷油泵的主体部分。调速器是喷油泵的调速部件，它的作用是控制发动机的最高转速，防止发动机超速。凸轮轴是喷油泵的动力源，它是通过齿轮传动带动凸轮轴转动，从而驱动喷油泵工作。柱塞偶件由柱塞、柱塞芯组成，上面有进油孔、回油孔、压油腔，通过凸轮轴转动实现往复运动。出油阀的作用主要包括密封、防止喷油前滴油、提高关闭速度、防止燃油倒流。输油泵是喷油泵的辅助部件，它的作用是将低压燃油送入喷油泵中进行压缩，使燃油由低压变成高压。供油提前器的作用是随着喷油泵转速的增加，自动增加喷油泵的供油提前角，确保柴油机在不同转速下工作，也能获得良好的性能。逆止阀的作用是使喷油泵体内的低压燃油腔保持一定压力，保证燃油源源不断地供给柱塞偶件，当低压燃油腔压力过高时，逆止阀打开，燃油回流到燃油箱中。通过一系列复杂的测试，才能勉强算完成试验。有时候，调整一台标准高压油泵需要一整天，在这一天的时间里，鹿新弟需要反复进行修改，通常测量一个转速下的喷油量需要调整多达20次才能达到要求。鹿新弟就这么不厌其烦地处理着手头上的工作，经过近一个月的精心调整，最终圆满完成了这个任务，彻底解决了高压油泵掉队率高、一致性不好的问题。李工程师也给予鹿新弟极高的评价。

永远的徒弟

1992年，是鹿新弟进厂工作的第五年，他已经能独立解决很多技术问题了。当时，柴油机做性能试验的时候功率不足，宋师傅看着机器，回头扫了一眼负责调试的工作人员，目光落在了鹿新弟的身上，淡淡地问了一句："是不是你干的活儿出了问题？"

鹿新弟很坚定地告诉师傅，他干的活儿没有问题。宋师傅轻轻应了一声，便没有接着往下问。

过了没多久，又有柴油机出现了性能上的问题，宋师傅如往常一样，扫了一眼所有人，之后又一次询问鹿新弟："是不是你干的活儿出了问题？"

自己又一次被师傅质疑，这一次，鹿新弟更加坚定并且向师傅表达了自己的态度："我干的活儿没有问题。师傅，以后这样的问题不要再问我了。"

鹿新弟的回答让师傅有些意外，他反问鹿新弟："你是怎么干的？怎么能确定没有问题？"

师傅的询问并没有让鹿新弟退缩，他拍了拍胸脯说："是的，我干完活儿都会自己复查，不会出问题的。"鹿新弟神态坚毅，斩钉截铁。

这次问话后，宋师傅就再也没有问过鹿新弟这样的问题了。事实上，每一次柴油机出现问题，鹿新弟负责的部分都没有任何错误。打铁还需自身硬，鹿新弟告诫自己，只有自己强大才能赢得别人的尊重，要用心干，用脑子干，而不是只用手脚干。

又过了一段时间，鹿新弟在工作完成后向宋师傅汇报。汇报完后，宋师傅看着他，眼中满是欣赏和赞许，鹿新弟被师傅这么一看，有些不自在，要知道平时师傅都是板着脸的，即使有时候鹿新弟表现得好，他也只是点点头。师傅咳嗽两声，像是在酝酿着什么，鹿新弟站着，师傅没说话，半晌，师傅终于开口了，他对鹿新弟说："你现在的技术已经超过我了！"

一瞬间，鹿新弟的脑子里一片空白。在听完宋师傅的话后，他嘴唇有些颤抖，扶了扶眼镜，看着师傅，有些哽咽地说："师傅，真的吗？"宋师傅点点头，鹿新弟盯着自己的师傅，越看越模糊。鹿新弟慌张地眨了眨眼睛，用袖子胡乱擦了一下眼睛后，清了清嗓子，对宋师傅说："宋师傅您别这样说，我在您面前永远是徒弟。"听到鹿新弟这番话，宋师傅笑了，笑得合不拢嘴。

谈话结束后，鹿新弟走了出去，摘下眼镜后眼泪止不住地流，那一刻，积攒多年的情绪一下子发泄出来，一个男人数年的努力终于得到了认可，在无数个日夜，他靠着自己坚强的意志和努力好学的精神走到今天。

直到现在，每当鹿新弟回想起那些年师傅对他的教育、帮助与指导，他的内心就会对宋师傅充满深深的崇敬之情。如今的鹿新弟也到了宋师傅当时的年龄，他对宋师傅既崇敬又尊重，师傅不仅教他技术，更教他做人，宋师傅是他一辈子的恩师。

1995年是鹿新弟跟宋师傅学习的第八年，转眼间宋师傅到了退休的年龄。在这八年的时间里，鹿新弟从宋师傅身上学到了对待工作的严谨态度、对技术的执着追求，以及对徒弟的严格要求。而从他身上学到最多的并且影响鹿新弟一生的，是他的工作思路。宋师傅对待技术的钻研，面对尚未解决的问题时持之以恒、永不放弃的精神，让鹿新弟受益终身。

鹿新弟常常这样想：在我年轻的时候，宋师傅对我如此严格，那时的我在心里骂过他，讨厌过他，甚至怨恨过他，但是我在过了40岁的时候，刹那间就明白了，宋师傅是我一生最应该尊敬的老师。如果没有他对我的严格要求，我不可能走到今天。

创新改革，打造顶尖试验室

2000年6月，33岁的鹿新弟通过岗位竞聘，成为研发部试验室的班长。作为在试验室工作多年的"老伙计"，试验室的具体情况他了如指掌，每个细节也都烂熟于心。在他担任班长一职后，便着手对试验室进行改造。将试验室的管理水平提升至全国一流，将试验室的技术水平打造为行业顶尖，是鹿新弟一直的心愿。过去，他只能做些力所能及的事，如今，靠着公司的大力支持以及自己一步一个脚印地摸索，他已经能够将自己的想法付诸实践。鹿新弟开始朝着自己的目标稳步前进。

鹿新弟担任班长后做的第一件事，就是打破"吃大锅饭"的班组管理制度。他实行奖金二次分配，按照多劳多得的原则，制定班组管理制度，实行末位淘汰制。这一系列措施为试验室注入了新的活力，每个班组成员都干劲十足，组内氛围也变得积极向上。鹿新弟的班组多次获得"先进班组""学习型班组"等称号。

在实施这些想法时，鹿新弟总是反复考虑，谨慎思考各种情况，这不仅是鹿新弟对班组内成员的考验，也是对他自己的考验。经过几年的学习和实践，鹿新弟出众的管理能力逐渐展现出来，试验室在他的带领下也达到了一个新的高度。

鹿新弟带领的班组是全厂第一个实现创新的集体，因此他在工作中遭到了一些人的嫉恨。那些曾经偷懒耍滑的人，一下子没了"藏身之所"，收入也变少了，自然对鹿新弟心怀不满。在工作中，鹿新弟常常听说有人举报他处事不公、工作偷懒。面对这些举报，鹿新弟只是一笑而过，他说："没关系，身正不怕影子斜！我问心无愧。"对于外界的流言蜚语，鹿新弟向来不在意，他很清楚，自己需要用实际行动来回应质疑。后来，领导真的来找鹿新弟了解情况了。

"最近频繁有人投诉你，这是怎么回事？"领导十分讶异。鹿新弟向领导讲述了自己的所作所为，他郑重地说明自己是如何管理试验室、制定规章制度的。他挺直了身板，拍着胸脯告诉领导，所有的措施和制度都是经过试验室全体职工同意后才实施的，而且所有的考核和奖金分配都是公开透明的，试验室是大家共同管理的，而不是他一个人决定的。领导听完后，明白是鹿新弟的认真劲儿招致了他人的不满，并没有责备他，只是简单叮嘱了几句就离开了。看着领导离去的背影，鹿新弟突然觉得有了无限的信心。对于领导的理解，鹿新弟内心充满了感激。鹿新弟性格直爽，有话直说，这既是他的优点也是他的缺点。幸运的是，有人看到了他的闪光点。这让他能够更安心地做好自己的本职工作——柴油机试验。

鹿新弟担任班长后，开展的第一个试验就是整顿可靠性试验。柴油机强化试验是新产品开发过程中的关键环节，该试验要求柴油机连续运转500小时、1000小时或1500小时。如果在这个专项试验中没有按照规范操作，柴油机的故障和问题就无法暴露出来。当用户使用时，这些隐藏的问题就可能引发柴油机故障，降低柴油机的可靠性，同时也会影响用户对产品的满意度，进而损害公司的信誉。以往，试验室常常半夜停机，不再进行可靠性试验，对于负责调试的当班人员来说，这种做法既是对公司不负责，也是对用户不负责。

为了避免这种现象再次发生，班长鹿新弟决定在试验室住一个月。柴油机运转时会产生巨大的噪声，因此当柴油机停止运转时，住在试验室的鹿新弟可以第一时间察觉到。他随即拿出随身携带的笔和纸，记录下停机时间。

在试验室"住"的第二天早上，鹿新弟来到现场，看见代班班长已经到了，便直接问他："柴油机昨晚为什么停机，不进行可靠性试验？"代班班长犹豫了一下，支支吾吾："半夜没有停机啊。"鹿新弟看着他不自然的样子，直接说出了半夜柴油机的停机时间和早上柴油机的启动时间。代班班长听完后，脸涨得通红，低着头一言不发。

此后，鹿新弟规定：一旦发现柴油机半夜停机，当班人员不及时处理，就内部下岗。这条规定执行后，有人抱怨也有人暗自钦佩。但自那以后，柴油机可靠性试验的停机问题再也没有出现过，每个人都严格按照可靠性试验的要求进行操作和管理。可靠性试验的改进，对公司产品质量的提升起到了积极的推动作用。作为功臣之一的鹿新弟心中暗想：要进行研发和新产品试验，就必须按照试验规范进行，将产品质量问题暴露在企业内部，我们才能根据实际情况进行改进。对待试验和工作不能弄虚作假，必须实事求是。怀着这样的信念，鹿新弟一直踏实工作。经过几年的制度化、规范化管理，研发部试验室的精神面貌有了很大改观，工作效率显著提高，学习热情也日益高涨。

国内首辆二甲醚柴油混合燃料汽车诞生

2001年7月，一汽解放大连柴油机有限公司与西安交通大学强强联手，共同研发出了国内首辆二甲醚柴油混合燃料汽车。随后，对汽车进行了相关试验，其中产品研发由一汽解放大连柴油机有限公司负责，而试验工作则由西安交通大学完成。

当时，我国探明的石油可采储量大约为24亿吨，仅能开采15年左右。到了2004年，我国进口原油1.2亿吨，占石油总消耗的35%左右。即使在之后的几年中，原油进口逐年上升且对外依存度依然不减，严重威胁到我国的能源安全。美国的石油战略储备能力高达7亿多桶，实际储备也超过5亿桶。相比之下，我国石油储备不足，因此必须实施多种能源战略，以实现石油替代。面对不断攀升的国际油价，国家提出了可持续发展油气资源战略的六项方针之一，便是要积极发展新能源和可再生能源，大力开发石油替代产品，实现能源多元化。国家已将发展煤基燃料纳入我国能源发展的中长期规划。

在替代材料中，二甲醚引起了科研人员的关注。二甲醚作为一种清洁的二次能源，被广泛应用于汽车、发动机热泵、大型燃气轮机、燃料电池、家庭灶具、热水器等领域。作为一种新型的二次能源，二甲醚具有巨大的发展潜力和市场前景，有望成为我国石油替代的重要途径，缓解我国油品短缺和能源安全问题。此外，二甲醚是一种最简单的醚类化合物，可从多种资源如煤、石油及天然气中提取合成。当时，我国山东、云南、内蒙古、四川等省份已经开始生产二甲醚，随着大规模生产的实现，二甲醚的生产成本有望低于柴油。西安交通大学的周龙保教授带领课题组，于1997年与国外同步开展了直喷式柴油机燃用二甲醚性能研究。他们以一汽解放大连柴油机有限公司的CA498型高速柴油机为研究平台，进行优化改造，成功研制出高速二甲醚发动机，使我国拥有了自主知识产权。

2000年9月，我国第一台二甲醚城市中巴车在西安交通大学亮相，这一科研成果也被中央电视台报道。2005年7月21日，这台高速二甲醚城市中巴车在西安交通大学通过了科技部的验收。

成果固然令人振奋，但是过程中的艰辛，唯有亲历者方能体会。在试验过程中，西安交通大学研究部发现柴油机的功率仅有20千瓦左右，这与设计要求相去甚远，导致整个试验陷入停滞。

收到消息后，公司总经理当机立断，派遣鹿新弟前往西安交通大学协助完成试验工作。鹿新弟马不停蹄地收拾行装，火速赶往现场。此次试验在内燃机系的试验室进行，鹿新弟进入试验室后，神情严肃，显然对试验条件不太满意。他环顾四周，询问试验人员："这里有单独的隔音室吗？"试验人员无奈地摇了摇头。鹿新弟点头，云淡风轻地对试验人员说："好，那我们开始吧。"柴油机发出震耳欲聋的声音，由于没有隔音室，长时间在此环境下工作，对听力损害极大，甚至可能造成不可逆的伤害。令人感动的是，连续数日，鹿新弟始终坚守在试验室的机器旁。试验人员劝他休息，他断然拒绝，因为他需要掌握第一手的试验资料。

经过几天的观察和记录，鹿新弟发现喷油泵进油腔的二甲醚压力为1.8兆帕，而回油止回阀的开启压力仅为0.15兆帕，导致大量二甲醚在进入喷油泵进油腔后流失。在找到问题后，鹿新弟修改了柴油机燃油系统的原设计，他将分配泵改为直列泵，增大了柱塞直径，提高了喷油泵循环供油量，并取消了喷油泵逆止阀，将二甲醚全部控制在喷油泵的进油腔内。经过试验验证，柴油机的功率提升至64千瓦，达到了设计要求。

此时，机器的轰鸣声犹如一曲激昂的交响乐，再次传入鹿新弟的耳中。在西安的一条普通道路上，一辆巴士缓缓驶出西安交通大学，平稳地行驶着。在旁观看的人都兴奋不已，对日夜在试验室工作的人来说，这是最好的回报！当国内首辆二甲醚柴油混合燃料汽车驶出西安交通大学时，西安交通大学的周龙保教授紧紧握住鹿新弟的手，久久没有松开，仿佛在传递着一种无言的认可与鼓励。鹿新弟深知，这不仅代表着他的努力得到了认可，更代表着他为国家的科技进步贡献了自己的力量。在周教授激动的神情中，鹿新弟感受到了他对科研工作的热爱与执着，也看到了他对未来科技发展的无限憧憬。鹿新弟知道，自己的工作虽然艰辛，但正是这样的付出，才能推动国家科技的进步，为人类的未来创造更多的可能性。这一刻，鹿新弟感到无比自豪和满足，所有的付出和等待都值得了。

扫码解锁
◎群英颂歌 ◎业精于勤
◎技艺传承 ◎奋斗底色

突破共轨技术难题

2001年，鹿新弟参与了公司第一台共轨柴油机的试验。

共轨技术是一种由高压油泵、压力传感器和ECU组成的闭环系统，它将喷射压力的产生和喷射过程完全分开。高压油泵将高压燃油输送到公共供油管，通过对公共供油管内油压的精确控制，使高压油管压力与发动机转速无关，从而大大减少了传统柴油机的缺陷。ECU控制喷油器的喷油量，取决于油轨压力和电磁阀开启时间的长短。共轨式电控燃油喷射技术通过共轨直接或间接形成相对恒定的高压燃油，分别输送到每个喷油器。借助集成在每个喷油器上的高速电磁阀的开启和闭合，可以定时、定量地控制喷油器向柴油机燃烧室喷射的油量，从而确保柴油机达到良好的雾化效果、最佳的空燃比、最佳的点火时间、足够的点火能量和最少的污染排放。

对于公司而言，这个项目科技含量高，对未来产业发展有很大帮助，因此试验前期的数据采集工作至关重要。当时，一汽解放大连柴油机有限公司采用的是某日本相关企业的ECD-U2型高压电控共轨系统。但不久后，试验出现了壳体过热的问题。为了避免不必要的损失，公司不得不暂停试验。

听到这个消息后，鹿新弟非常焦急，立即着手解决问题。那段时间，鹿新弟如同一个孜孜不倦的求知者，在互联网上搜索相关资料，又在图书馆的藏书中挖掘国内外技术文献。他翻阅着手中的每一份资料，细心地研究ECD-U2系统的原理和结构。每当鹿新弟觉得自己对某些细节尚未完全吃透，他就毫不犹豫地联系公司内部的专家，与专家们一同深入现场，实地查找问题。那段时间的鹿新弟似乎忘记了下班，只知道工作、工作、工作。在试验室里，他盯着柴油机，仔细观察和分析数据，就这样，经过一个多月的努力，他在一堆试验图纸中发现了致使ECD-U2系统壳体过热分布不均匀的原因。他打了个哈欠，尽管身体已经疲惫不堪，但内心的喜悦却让他仿佛重获新生。他明白，找到问题的根源是解决问题的第一步。接下来，他需要针对这一热源进行改进和修复。于是，鹿新弟对燃油喷射系统匹配标定试验台的燃油箱进回油路系统进行了精心改造。经过反复试验和调整，问题终于得到了有效解决，试验数据采集工作也得以顺利完成。

 第四章　千锤万凿

扫码解锁

◎群英颂歌◎业精于勤
◎技艺传承◎奋斗底色

道依茨车间的崛起

　　2005年，鹿新弟所在的公司正着手与德国道依茨公司筹备合资的相关事宜。彼时，道依茨车间厂房的建设正如火如荼地进行着，人才招募工作也在同步开展。不出所料，鹿新弟被领导举荐到新部门工作，并担任道依茨车间试验工段班长一职。

　　面对这一新的机遇和挑战，鹿新弟倍感责任重大。他深知自己不仅要继续发挥在柴油机技术领域的专长，还要带领团队应对车间试验工段的各种复杂问题。他迅速适应新环境，与团队成员紧密合作，共同推进试验工段的工作进展。鹿新弟听从公司的安排，前往德国学习设备操作等方面的技术。

　　在德国学习期间，鹿新弟将全部精力投入学习中。他不仅积极参与课堂学习，还主动寻求与专家和同行的交流机会。他深入了解了德国FEV公司的先进技术和研发流程，他与团队成员紧密合作，共同完成了项目任务。鹿新弟的勤奋和努力得到了德国FEV公司团队的认可。在学习之余，他也充分体验了德国的文化和生活。他品尝了当地的美食，欣赏了德国独特的建筑，还参加了各种文化活动，深入感受了德国的风土人情。这段在德国的学习经历，使他对内燃机技术有了更深入的理解，也为他未来的职业发展打下了坚实的基础。

回到国内后，鹿新弟带着满满的收获和期待，走进了道依茨车间。他将在这里把所学的知识运用到实际工作中，迎接新的挑战，开启职业生涯的新篇章。车间门口，鹿新弟伫立在原地，眼神中透露着迷茫，心中暗自思忖着："这是哪儿？难道我走错了？"他揉了揉眼睛，再次从左往右仔细看了一遍，在确认无误后，他不禁无奈地摇了摇头，长叹一口气。眼前的景象，与其说是一个车间，倒不如说是一片空地。偌大的车间一台设备也没有，百废待兴，似乎是在等待着它的主人。这时，一阵风吹过，卷起漫天尘土，眼前顿时一片朦胧，鹿新弟忍不住咳嗽起来，"这灰尘也太大了。"换作其他人，可能早就对这样的工作调度连声抱怨了。鹿新弟心里不禁犯起了嘀咕："这哪是什么车间，分明是个施工现场，我是来干苦力的吗？"不过，这样的想法仅仅在他脑海中一闪便消失了。千里之行，始于足下，他明白，来到了这里，一切都要从头开始。他环绕着车间审视起来，由于长时间无人打扫，地面积了厚厚的灰尘，每走一步都会在地上留下深深的脚印。当他巡视完整个车间，便拿出清扫工具，不禁苦

⊙ 2005年，鹿新弟（后排右四）与德国FEV公司专家在学习设备操作时合影留念·

笑："这么多年的技术白练了，没想到换岗位后的第一件事竟然是打扫卫生。"他低头看着手中的工具，无奈地摇了摇头，但还是默默地开始了清扫工作。鹿新弟从白天一直忙到黑夜。起初，他还能边干边哼小曲，将扫出的垃圾成堆放入垃圾桶中，心中颇有成就感。随着时间的推移，连续长时间的劳作，到了下午他再也唱不出歌来。他扶着腰，敲敲背，感叹道："这活儿可真累人啊！"鹿新弟来车间的第一天，就打扫了一整天的卫生。放下卫生工具后，他看着自己的手，手心已磨出了水疱，稍稍一碰，便有刺痛感袭来。

卫生工作结束后，设备陆续进入道依茨车间。鹿新弟看着设备的安装过程，不禁感叹，只有亲眼看见，才能明白德国人在工作中是如何精益求精的。他们仔细地对照图纸，小心翼翼地调整每一个细节，哪怕存在一点点的误差和错位，都要重新调整。他们把图纸挂在墙上，拿出尺子，重新测量，他们的眼里揉不得一点沙子。下载图纸需要通过电脑插入移动硬盘，设备反应慢，他们也不着急，而是耐心等待电脑恢复，以确保数据完整和精确。他们在安装设备过程中的行为，在旁人看来或许有些教条，但在鹿新弟眼中，这却是真正的敬业负责。

安装结束后，进入调试阶段，公司专门从德国派专家过来。在柴油机进入试验台进行性能测试时，发现柴油机功率无法达到

⊙ 2005年，鹿新弟从研发部调到道依茨车间工作

额定功率，烟度严重超标。那位德国专家看着设备，思考良久，转头对翻译说了几句话。翻译听后，对车间的人说："他说你们的柴油机有问题，请修好以后再进行测试。"车间里的员工听完才明白，原来德国FEV公司的专家对公司柴油机的状态和性能指标持怀疑态度，需要公司拿出解决方案。大家听完面面相觑，不知如何下手，但都没有怀疑专家的判断。

鹿新弟对柴油机进行了反复检查，他发现柴油机并没有问题，于是轻轻招呼翻译过来，告诉他："你跟专家说，这个问题可能不是柴油机造成的。"专家听完后摇摇头，鹿新弟明白专家并不相信他，但他向来靠事实说话。于是鹿新弟采用排除法，将问题锁定在进气空调装置上。通过对现场试验数据进行分析，他认定问题并非出在柴油机上，而是德国FEV公司的设备参数设定错误所致。德国专家有些惊讶，又反复比对了数据，最终在事实面前承认了自己判断有误。原来，是进气空调进气压力设定参数错误导致的。车间里的员工对这位新班长称赞有加。

解决了道依茨柴油机试验数据超标的问题后，德国FEV公司的专家对鹿新弟竖起了大拇指，鹿新弟也憨厚地笑了。事后，有人问起这件事，工友们的话如出一辙："他给咱中国工人争了一口气，展现出了新一代中国技术工人的精神风貌。"在全厂上下的共同努力下，道依茨车间正式投产，走上了快速发展之路。

⊙ 2005年，鹿新弟（中间）在车间学习园地与同事一起学习

坚守与奉献

能够进入道依茨车间的人，都是经过层层选拔的精英。他们具备卓越的专业技能和丰富的行业知识，是各自领域的佼佼者。然而，他们的优秀往往也伴随着自己独特的见解和想法。

工作步入正轨后不久，鹿新弟和工段长就因为工作思路的差异而产生分歧。鹿新弟希望工段长能够按照他的思路进行设计和处理，但工段长对此并不认同。尽管他们多次进行商讨，仍然无法达成一致。鹿新弟心中不甘，自己的想法遭到否定，一个念头在他心中逐渐萌生。经过几番思考，他终于鼓起勇气，向车间主任寻求帮助。

主任见到鹿新弟时，脸上还挂着亲切的笑容，但听了鹿新弟的来意后，原本和蔼的面容瞬间变得严肃起来。主任清楚地知道鹿新弟和工段长之间的争执，自然也明白他如此决定的原因。然而，面对鹿新弟的请求，主任还是坚定地摇了摇头。"可是……"鹿新弟刚要开口，主任字正腔圆的一句话，让他顿时哑口无言，陷入了沉思。主任注视着鹿新弟，缓缓说道："你是共产党员吗？"简单的几个字，仿佛蕴含着无穷的力量，鹿新弟呆呆地望着主任，脸上写满了惊愕。主任并未急躁，只是静静地看着鹿新弟，两人沉默了许久，最终鹿新弟先开了口："主任，是我不对，我不会再提回试验室工作的事了。我不能和党讨价还价，作为一名共产党员，就应该服从党的安排，到党和人民需要的地方去。"主任再次与鹿新弟对视，这一次，他看到鹿新弟的眼神中充满了坚定。

从那时起，鹿新弟没有再向车间主任提出调岗申请，他在道依茨车间全心全意地工作了五年。后来，由于工作需要，他才重新回到研发部。

鹿新弟第一次申请入党是在上技校的时候。临近毕业，他递交了入党申请书，毕业后进入研发部试验室的第一件事，就是向党组织递交思想汇报。终于，鹿新弟在进厂的第二年便光荣地加入了中国共产党。1988年7月，鹿新弟正式成为一名共产党员。

回忆起过去的点点滴滴，鹿新弟的职业生涯充满了挑战与自我超越。早期在试验室工作时，由于产品开发较少，试验任务自然也不多。为了快速提升自己的技术水平，鹿新弟充分利用闲暇时间，在试验台上反复操练。当师傅和师兄弟们休息时，他在默默地努力。每当有工程师进行试验时，鹿新弟都会热情地跑去帮忙。就这样，鹿新弟通过自己的不懈努力和勤奋钻研，逐渐成长起来。由于技术含量较高，所有的新产品都出自试验室。在试验室工作的前五年，凭借着扎实的技术和刻苦钻研的精神，鹿新弟的名声越来越响亮。一提起喷油泵的调整，全厂无人不第一时间想到他。

挑战不可能的柴油机奇迹

2005年，中德双方共同投资13亿元人民币兴建工厂，工厂引进了世界一流的设备。新的设备和产品意味着一切都要从头开始，这为鹿新弟提供了更大的舞台和发展空间。由于大多数人没有接触过道依茨柴油机，鹿新弟凭借在研发部试验室接触到的道依茨柴油机知识和过硬的技术，成为调试道依茨柴油机的首选人才，被调入新组建的生产车间。在车间里，鹿新弟主动承担起两种类型调速器在四种机型上的匹配工作和台架对比工作。

引进了新设备，车间内的一些问题逐渐浮现。鹿新弟从销售部门的反馈中了解到，有些车辆在运行过程中存在油耗高、爬坡无力、尾气烟度大等问题。针对这些问题，他决定从每个操作者的调试过程中寻找原因。在一次调试过程中，鹿新弟发现一位同事的调试方法与自己不同，他热心指出这种方法可能导致柴油机在整车上无法正常运行。不过，同事认为自己的调试方法符合试验规范。鹿新弟眼看说服不了同事，决定用事实说话，与同事打赌，记住各自调试的柴油机编号，一起等待三个月后的结果。不出所料，只用了两个多月，那台由同事调试的柴油机便被退回了厂里。同事坦诚地认错，鹿新弟不仅没有追究，还将自己的调试方法教给了同事，改进试验后果然效果显著，同事对他钦佩有加，对鹿新弟的称赞传遍了车间。从此，每当有新机型出现，大家都会主动向鹿新弟请教调试方法。

还有一次，鹿新弟等人接到反馈，称某款安装在公交车上的发动机在爬坡时扭矩不足。鹿新弟和同事们赶到现场进行调查。鹿新弟坐在公交车里，闭上眼睛，静静地听发动机的声音，在行驶到上坡的时候，终于听出了问题，他发现是调速器气膜在柴油机性能调试过程中的预紧力太大，导致公交车爬坡响应速度慢。回到厂里后，鹿新弟马上在柴油机试验规范中增加了一个手动验证过程，模拟整车运行状态下的响应速度，从而彻底消除了这个故障。

在当时的试验车间，每次测试柴油机都需要耗费至少两个小时，这种长时间的测试过程大大拖慢了整体的工作进度，加班已然成了家常便饭。鹿新弟清楚记得，为了确保生产进度，在一天夜里，车间主任与他们并肩战斗，一起工作到了凌晨2点。由于时间太晚，一些家离得远的同事在工作完成后，由车间主任和鹿新弟开车送回家，之后二人才各自回家。拖着疲惫的身躯，鹿新弟瘫倒在床上，此时已是凌晨3点。

车间内不断产生的调试问题让鹿新弟陷入了沉思：随着时代的发展，柴油发动机市场需求大增，公司尽管有20个柴油机试验台架，但仍满足不了需求。没有一套完整的柴油机标准化调试操作规范，工人调试只能凭经验。怎么才能让每个人做出来的产品参数一样？能否制定一个标准，让大家按一个标准工作？只要能做成，那么节拍、质量都能得到保证。带着这个想法，鹿新弟开始向很多专家咨询，并提出自己的设想，但是没有得到一位专家的支持。有的专家认为内燃机行业都没有这个标准，光凭他一个人做不出来。也有很多人质疑发动机装配会因为工人技术水平、手法不一，导致每台发动机都会有细微的差别，所以才需要调试。对这样的工作怎么制定标准？质疑的声音越多，鹿新弟越是下定决心要证明自己。他心里想：没有人设立标准，那我就自己设立标准！

整个生产车间中，没有可供借鉴的经验，鹿新弟就自己琢

⊙ 2007年，鹿新弟（一排右四）带领班组成员开展"节能减排我行动"活动

磨。在随后三年多时间里，鹿新弟在装配工段和试验工段之间来回奔波，在钻研调试器的过程中，鹿新弟可谓饱尝艰辛。为了找出设备的规律性，鹿新弟每天都要忍受着柴油机发出的超过100分贝的噪声，而这种噪声在正常情况下已经足以导致听力受损。然而，这样的试验，他硬是完成了上千次，并整理出了上万组试验数据。全神贯注的鹿新弟，工作时常常忘我。在解决德国进口道依茨柴油机功率不足的问题时，为了看清柴油机调速器的动作，他将脸贴近柴油机，突然，一阵刺痛袭来，他尖叫一声，迅速抬起头，用手捂着脸。原来，他的脸不小心碰到了600℃高温的排气管，烫出了水疱。即便如此，鹿新弟也没有停下工作。同事们看到脸上带伤却依然奋战在一线的鹿新弟，都对他认真钻研、努力工作、勇于创新的精神赞叹不已。

坚持和不服输是在鹿新弟工作中经常出现的词，正是凭着这股"钻"劲儿，鹿新弟成为一个能真正摸透柴油机"脾气"的人，他也率先在内燃机行业建立了"道依茨柴油机（机械、电控）试验方法"，摸索出了一套适用于不同要求的调速器调试规范，打破了国外的技术封锁，首创了"道依茨柴油机调速器标准化调试法"。他通过建立调速器数据库，将烦琐的配试状态简化为标准化的表格查找，使生产效率提高了75%。这项方法成功实现了柴油机试验质量"零缺陷"的目标，同时将柴油机调试时间从52分钟/单台减少至25分钟/单台，也使我国拥有了柴油机调试技术的自主知识产权。这项成果不仅完全适用于内燃机行业，还可广泛应用于军工及船舶业，对中国乃至世界范围内的节能减排起到了积极作用。

鹿新弟曾在一次采访中分享了他的独特见解："也许在别人看来，机器是死的，总是发出刺耳的噪声。但是在我看来，它是活的，是有灵性的，那些所谓的'噪声'是最动听的交响乐。"

⊙ 2006年，鹿新弟（一排右三）与道依茨车间试验工段试验班组合影

技术的探索者与创新者

　　TCD2013型号柴油机是公司新引进的四气门欧四产品，其经济性、排放性、可靠性均处于世界领先水平。然而，在台架测试过程中，柴油机出现了无法自主着火的情况，大量未燃烧的燃油从排气管排出。项目经理和电控专家得知后，立即赶到现场，使用诊断仪和示波器查找故障，但一无所获。若此问题无法解决，试验也将无法继续进行，从而影响整个项目的进度。经他人推荐，鹿新弟来到现场协助解决故障，电控专家对鹿新弟说："电控数据没问题，你检查硬件吧！"

　　鹿新弟听后径直奔向柴油机，动作熟练地将齿轮室拆开。接着，他全神贯注地用双手引出"三条线"，仿佛在雕琢一件艺术品。这个手工引线方法是他在长期的实践中摸索出来的，简单、实用、准确，而整个公司找不到第二个人能像他这样操作。

　　鹿新弟仔细检查每一个部位，眼神专注且锐利，不放过任何一个细节。众人不禁对他的专业水平深感敬佩。

鹿新弟陷入了沉思，开始思考可能的变化点。他告诉现场人员，自己需要一些时间来思考、发现和解决问题。经过几天的苦思冥想，鹿新弟与专家一起探讨可疑之处。他首先提出："我怀疑排气制动出了问题！"

"不可能，我们已经屏蔽了排气制动，它已经不起作用了！"电控专家听到鹿新弟的话，当场否定。

鹿新弟没有急于反驳，而是向所有工作人员详细阐释了他的理由："我们在静态时屏蔽了电控信号，但在动态中出现了问题。如果电磁阀泄漏，机油就会进入排气制动阀，机油压力会迫使排气制动阀运作，将气门顶开，使其始终处于开启状态。这样，燃烧室的压缩压力不足温度不够，燃油无法达到压燃温度，无法燃烧，只能直接排出。"

听完他的话，大家原本疑惑的面容逐渐变得明朗，电控专家更是恍然大悟，最后，全体人员一致同意拆下排气制动进行试验。随着鹿新弟的一声令下：开车！柴油机伴随着有节奏的敲击声，一次性点火成功。

鹿新弟在经历各种事情的过程中不断磨砺，逐渐成为公司不可或缺的关键人才。他也为自己制定了"三个必须"：一旦接到车间电话，十分钟内必须赶到现场；车间提出的技术问题，必须立即解决；必须持续跟踪未解决的问题，直到解决为止。

⊙ 2008年，鹿新弟在道依茨车间工作

公司的生产车间在柴油机出厂试验时，发现有400多台柴油机的机油压力偏低，不符合试验规范要求，被判定为不合格产品。车间的地面上摆满了因机油压力低而无法出厂销售的柴油机。面对这种情况，公司领导焦急万分。为了解决问题，车间领导组织了相关专家进行会诊，并对问题进行了一轮又一轮的排查，但始终未能找到原因。10天过去了，依然毫无进展。

鹿新弟收到公司领导发来的消息后匆忙赶了过去。他到达现场后，与其他专家一起查找故障原因。专家看着鹿新弟，眼神中充满了无奈和愤怒，"柴油机都已经被拆卸重装好几次了，还是找不到原因。"鹿新弟像往常一样，没有说话，只是静静地听着。他的大脑在快速运转，经过专家的介绍和自己的一番了解后，他分析问题可能不在零部件上，在思考的过程中，鹿新弟不经意间触摸了一下机油，感觉机油的黏度较稀，与他以往触摸的手感不太一样。鹿新弟笑了，他找到了问题的突破口，他向在场的专家建议直接更换机油后再次进行试验，同时对机油进行采样并检验。

在场的人迅速配合行动。最终的试验结果表明，更换机油后，柴油机的机油压力完全符合试验规范要求。同时，检验报告也证实：机油黏度不合格。事后查明，机油黏度不合格是机油循环系统没有定期更换新机油造成的。这一发现证明机油压力低并

⊙ 2008年，鹿新弟荣获大连市"王亮式金牌技工"称号

非柴油机本身的质量问题，而是机油黏度低所致。因此，400多台柴油机无须二次上台试验，直接出厂，成功保证了产品按期交付。毫无疑问，在这件事情上，鹿新弟是当之无愧的大功臣！

当回忆起车间里发生的种种故事时，鹿新弟说道："我的劳模之路应该是从道依茨车间开始的，设备安装、试验标准、现场改善、产品质量、安全管理等，都需要重新建立，有些可以借鉴，有些则必须创建。我们的车间主任了解我的个性，知道我不服管，但也知道我很自觉，即使不管也能把事情处理得井井有条。道依茨车间给了我极大的发挥空间，让我的个性得到了充分展现，也成就了现在的我。"

正如鹿新弟自己所说，是车间主任的信任成就了他。当时，他编制了80多个设备规范，改善项目100余项；制定了2项试验标准，解决了50多个质量问题。这些规范和标准对公司的节能减排、质量提升和工作效率的提高都起到了积极的推动作用。2007年，大连市评选首届大连"金牌技工"，在推荐过程中，大连市总工会对鹿新弟材料中的经济效益部分产生了疑问，公司工会副主席随即给鹿新弟打去了电话。

听到电话那头的询问，鹿新弟毫不犹豫地对副主席表示："如果您不相信，车间主任就在我旁边，他的话您总该信吧？"

工会副主席赶紧说道："信，你让他接电话。"

鹿新弟听后，立刻将电话递给车间主任，然后走到一边。他隐约听到两人的对话，后来更是听到车间主任说："只要是鹿新弟的事，出了问题我负责。"

看着车间主任坚定的眼神，鹿新弟心中涌起一股暖流。他这几年对道依茨车间的辛勤付出，对车间的贡献，车间主任都看在眼里记在心上。有这样坚实的后盾，鹿新弟更加努力地工作，用出色的成果回报领导的信任，回报公司对他的培养。

鹿新弟的好友说："鹿新弟是我的技校同学，我们相识已经30多年了。他给我的印象是勤奋好学，对于想要做成的事情，他会想尽一切办法去实现，做事非常认真，稍有差池都不行，而且特别执着，有一种不达目的誓不罢休的精神。他年轻的时候，对柴油机燃油系统的研究非常深入，在公司里，只要涉及这方面的问题，大家首先想到的就是他，而且这方面的技术难题从来没有难倒过他。鹿新弟有很强的组织协调能力，现场出现问题时，他总是第一时间赶到。如果他能解决，就会立刻解决；如果不能，他会组织相关部门的人员到现场解决，效率非常高。"

鹿新弟作为两个国家级工作室的领创人，对工作室的建设和管理方面也有独特的见解，他撰写了一本名为《工作室规范化建设与管理》的书，将他的经验分享给全国各劳模和工匠人才创新工作室。

用技术赢得尊重

鹿新弟在研发部工作期间，虽然其工作重心在试验室，但每当全国各地的配套厂家及服务站遇到技术难题时，公司领导首先想到的人便是他。

2014年，公司在为一家意大利在华独资企业配套的25台工程机械柴油机整车路试时，出现了冒白烟的问题。对此，公司必须派人解决，然而公司售后人员多次往返，问题仍未得到解决。由于多次处理未果，外籍总经理表现出强烈的不耐烦情绪，要求公司限期解决问题，否则将退还全部产品。如此一来，公司面临承担180万元经济损失的危机。在了解情况后，公司领导经过商讨，决定让鹿新弟出面解决问题。

鹿新弟抵达目的地后，见到了意大利方的代表。他笑着走过去，主动与对方握手，然而，对方的手却迟迟没有伸出。意大利方的代表双手插在裤兜里，只是冷冷地看了他一眼。鹿新弟穿着在工厂工作时的衣服，显得朴素耿直，而意大利方代表的眼神直向上瞟，一脸不在乎，对鹿新弟的友好行为毫无反应。工作多年的鹿新弟见识过各种人，他没有说什么，也没有对对方的无礼行为表示不满，只是他的手依然悬在空中，等待对方回应，这就是鹿新弟的态度。意大利方的代表站着，鹿新弟也站着，两人对视着，意大利方的代表仍没有丝毫举动。其他人与鹿新弟说话他也没有回应。鹿新弟就这样盯着对方，这番对视持续了二十秒，一阵尴尬的沉默后，意大利方的代表才慢慢伸出手回应，带鹿新弟去处理设备问题。在路上，鹿新弟的同事搭着他的肩膀，啧啧称赞："你做得好，让外国人知道我们不是好欺负的。"鹿新弟告诉同事："我们要靠技术解决问题，如果你不尊重我，那我就一直举着手，直到你回应我，然后再开始工作，因为我不是代表我个人，而是代表公司，代表中国工人。"鹿新弟的话轻描淡写，其实他的内心早已波涛汹涌。在那短短的二十秒里，他就是想表明自己的态度，要相互尊重。

在处理问题的时候，鹿新弟更是在意大利在华独资企业面前展现了中国工匠的实力。他根据自创的"看、听、摸、闻、问"五法查找柴油机的故障，经过一系列检查，最终将问题锁定为燃油品质不好。

听到这个结果，意大利方如同被点燃了导火线，他们立刻强烈表示否定。其中一个人甚至以一种无可辩驳的态度告诉鹿新

⊙ 2009年，鹿新弟（右）和公司招聘的第一批大专生合影

弟："我们的燃油都是专业油品，不可能有问题！"对方的态度
和话语并没有改变鹿新弟的想法，他向来是以事实说话。鹿新弟
马上从柴油机原理到燃油成分等一系列问题给意大利方耐心讲
解。意大利方听完鹿新弟的解释后，还是摆手表示不可能，并且
不断强调他们自己的观点——油品没有问题。

鹿新弟见无法说服他们，坚定地说："实践是检验真理的唯
一标准，把油换了做个试验就知道我说的对不对了，如果不对，
再退货也不迟。"意大利方听鹿新弟这样说也不再说什么，大家
一致决定用试验来检测。鹿新弟采取"外挂燃油吊瓶"的对比
法，外挂燃油吊瓶能够直观地显示出两组不同油品的差别，结果
证明意大利方油品正是问题所在。在铁一般的事实面前，意大利
方不得不收起他们的高傲态度，承认是自己的问题，与一汽解放
大连柴油机有限公司没有任何关系。

在鹿新弟和同事们的共同努力下，问题得到圆满解决。意大
利方的代表对他连连称赞，笑脸相迎。临走时，他们连忙叫住鹿
新弟，伸出双手紧紧握住他的手。鹿新弟看着他们"前后不一"
的表现，也笑了出来。他明白，是实力为自己赢得了尊重，为公
司讨回了公道，为国家争得了荣誉，还直接为公司挽回了180万
元的经济损失。

⊙ 2007年，鹿新弟（第一排左四）与研发部试验室同事合影

绝境逢生，用生命践行誓言

2016年5月，在西藏阿里地区，两名男子身着厚重的衣物，气喘吁吁，满脸灰尘，手中紧握着氧气罐，不时猛吸一口。举目望去，只有他们的身影出现在这片辽阔的土地上，他们凝视着这片土地，眼神有些迷离。而在他们身旁，一辆车斜着陷进了沙土堆里，车轮被沙土埋没，车身已经蒙上了一层厚厚的灰尘。

其中一名男子不耐烦地询问救援何时到来，另一名男子则沉稳地回应一定会来。这是鹿新弟和他的同事在西藏工作时遇到的突发事件。他们未曾料到，这样的事情，之后还有很多。

公司的产品装载在工程机械车上，用于西藏阿里地区的修路工作。然而，阿里地区海拔高、空气稀薄，在运输过程中容易出现启动困难的问题，若不解决，将导致工作效率低下，影响施工单位的工程进度。鹿新弟接到命令后，主动请战，历时19天，行程4000公里，三次穿越西藏阿里无人区，为用户提供服务。

在收拾行李时，鹿新弟带上了自己的相机。他听闻西藏风景美丽，便决定用相机记录下沿途的景色。在抵达西藏的第一个夜晚，鹿新弟抬头仰望星空，那一刻，他却迟迟没有举起手中的相机。头顶是一片无垠的星海，千百颗繁星如同宝石般镶嵌在夜幕中，闪烁着神秘而迷人的光芒。这些星星似乎比家乡的星星更加明亮、更加璀璨，仿佛每一颗都有着自己的故事和生命。鹿新弟从未见过如此壮丽的景象，他被这深邃的夜空震撼。不同于家乡的点点星光，西藏的夜似乎更加纯净、更加深邃。这里的星星仿佛在进行着一场盛大的聚会，它们欢快地舞动着，交织出一幅幅美丽的图案。每一颗星星都闪耀着光芒，共同构成了这片迷人的星海。鹿新弟静静地站立在夜色中，感受着星星的璀璨与神秘。他知道，这次西藏之行注定会成为他一生难忘的经历。而这片美丽的星海，也将永远留在他的记忆中，成为他心中最宝贵的财富。

虽然在西藏的第一个夜晚给鹿新弟留下了深刻的印象，但随后的日子却并不如想象中美好。在西藏的道路上，鹿新弟连续开车20个小时，经历了高原反应，一边吸氧一边工作。最危险的一次，是连续三天手机信号全无、GPS导航也完全失灵。在失联的三天里，鹿新弟感觉自己游离于世界之外，无助的情绪在车内悄然蔓延。最后，他向公司发出了求救信号："我们今天从尼玛县前往双湖县，距离大约300公里，由于基本没有信号，已经走错

⊙ 2016年，鹿新弟在西藏阿里地区为用户服务

了几次。现在已经开车走了一天，距离双湖县预计还有100公里，不知什么时候能到。我们出了尼玛县城后电话一直无信号。从现在起，我将每天一发微信，告诉你们我们的地理位置，如果你们两三天没有收到我们的信息，请根据我们提供的地理位置报警。"艰难地打出这些文字后，鹿新弟瘫坐在车上，抱着必死的决心，茫然地望着天空。过了一会儿，他们又一次调整心态，继续上路。

幸运的是，在不断曲折回旋后，他们看到了远处的一个小村庄，在半夜12点前成功抵达了村庄。更让他们喜出望外的是，村里还有会说普通话的人。几个人紧紧相拥，高原反应让他们无法激烈运动，他们用眼神交流，彼此明白了对方的心意。

回想起来，就在找到出路的前一天，鹿新弟还深沉地问一同前来的同事："知道孔繁森是在哪里牺牲的吗？"

"在哪里？"

"就在阿里地区。"

凭着坚持不懈的精神和决不放弃的意志，鹿新弟等人最终走出了那段艰难的路。

鹿新弟离死亡最近的一次，是乘坐汽车在海拔5200米的盘山道上艰难前行。天有不测风云，刚才还晴空万里，突然毫无征兆地下起了冰雹。冰雹落在车上，噼里啪啦的声音像是要把车顶击穿。车轮接触到落在地上的冰雹，不断打滑，几乎无法前进。只听见吱的一声，车头猛然一倾，司机飞速反应，并踩紧刹车，拉动手刹。车上的人都喘着粗气，靠近车窗往外看，只见车体已经侧横在盘山道的边缘。鹿新弟紧盯着窗户，呼吸不自觉地加快，心脏仿佛瞬间提到了嗓子眼儿。那是看不到底的悬崖，而车子就停在悬崖的边缘。头顶的冰雹似乎在敲击着车内每个人的心灵，他们双手紧紧抓住前排的扶手，心脏怦怦直跳……

到达机场后，鹿新弟悬着的心终于放下来了，回想起这段经历，手心还会微微出汗。回想起好几次穿越无人区时完全失联的状态，他表示不愿再经历一次。

经历了这么多事情，鹿新弟的同事在机场还开玩笑说："鹿新弟，你不是说就算爬也要爬到布达拉宫吗？"

"你可别扯了，命都要没了，走，赶紧走。"鹿新弟看了看自己带着的相机，"能拍到照片就已经很满足了。"

听鹿新弟这么一说，大家都哈哈大笑起来。

在与同事及领导交流的过程中，领导发现鹿新弟的反应比平时慢了许多，同事小心翼翼地问："你反应咋变得这么慢？"

过了几天，这样的情况仍在持续，鹿新弟才反应过来，最后去看了医生。医生告诉他，这是高原反应导致的。而这个状况，在一年多以后才彻底恢复。

⊙ 2016年，鹿新弟在西藏阿里地区为用户服务

如今回想起来，这段经历仍历历在目。事后，他曾对一起到西藏出差的同事笑着说："如果我们在那里死了，我们就是烈士，我们是在用生命践行入党誓词。"回想起入党誓词的内容，鹿新弟至今仍能倒背如流：我志愿加入中国共产党，拥护党的纲领，遵守党的章程，履行党员义务，执行党的决定，严守党的纪律，保守党的秘密，对党忠诚，积极工作，为共产主义奋斗终身，随时准备为党和人民牺牲一切，永不叛党。

第五章　玉汝于成

扫码解锁

◎群英颂歌◎业精于勤
◎技艺传承◎奋斗底色

创新维修，破解柴油机故障难题

　　鹿新弟凭借数十年的工作经验，自主研发出一套"看、听、摸、闻、问"的五步维修法，这套方法能够快速排除柴油机故障。只需运用此"五步法"，即可精准判断出哪台柴油机运转异常，准确率高达99%。鹿新弟的高超技艺在工友间流传开来，工友们给他取了一个外号——柴油机故障的"克星"。

　　2021年，CA6DK型号柴油机在台架试验时出现下排气大的故障，鹿新弟通过观察排气颜色、形状，闻气味，判断为活塞"烧顶"，结果拆机验证后，他的猜想完全正确。

　　CA4DH型号柴油机在试验过程中出现机油变黑的问题，该问题反馈到车厂后，公司领导商议决定将此问题交由鹿新弟解决。鹿新弟接手后，用了21天，运用24个试验方法，采集了36个油样并结合机油检测报告，最终确定机油变黑是燃烧后的碳烟经活塞环开口处窜到油底壳所致。这一发现为解决柴油机故障提供了重要支撑，故障率从100%降至0。鹿新弟看着试验报告，心中

⊙ 2021年，鹿新弟（左）在大柴装配车间与同事讨论技术问题

充满了成就感。

CADH/DK系列柴油机的机油缺失问题多次导致零公里故障，在无人接手的情况下，鹿新弟主动请缨。他在现场查找问题时，发现机油容器在上液位时，加注机加注的机油液位一致性好；而在低液位时，一致性差。经过仔细观察，他发现了操作者倾斜机油容器的细节，并发现管路里有空气以及内部存在的问题。鹿新弟心想：为什么管路里有空气，加注机指针却还在跳动？于是，他将放在容器里的管路放到空气中试验，果然加完空气后加注机指针还在跳动，这说明加注机设计存在问题。

鹿新弟起身转头询问技术人员："为什么加注机加空气不停止运行？"

技术人员否认道："加注机可以识别出来，加空气会停止运行，不可能是这个问题。"鹿新弟坚持自己的观点："我在现场试验的结果就是识别不出来，你确认一下吧。"技术人员发现确实如鹿新弟所说，一时间哑口无言。

鹿新弟补充道："加注机肯定存在设计缺陷，我有个办法可以解决，成本也不高。就是在机油容器里面加上高低液位限位装置，当机油液位低时报警，触动低液位传感器，带动加注装置自动加注机油，到高液位自动停止，这样就避免了加注机油一致性差的问题。"技术人员对鹿新弟的想法表示钦佩。

进入新时代，数字化、智能化是解决"卡脖子"技术的唯一出路，也是自主可控的唯一出路。鹿新弟利用自己创新能力强的特点，发明了50多个先进的柴油机检测和维修装置，使柴油机故障判断准确率提高到100%，检测、维修效率显著提高。他还利用软件技术和网络技术搭建了多个平台，为企业高质量发展作出了贡献。

"零公里故障前置问题的基础研究与应用"项目，旨在搭建一个柴油机质量问题管理平台，通过对制造过程的基础研究与数智化平台的结合，杜绝质量问题经常性反复出现。该项目分为两个部分：一是外部反馈信息，二是内部反馈信息。鹿新弟通过信息来源以逆向工作的方式倒推出问题的工位，并采取相应措施解决。

该项目有三个维度：一是建立"质量问题跟踪平台"，打开质量问题黑匣子，收集真实的质量问题基础数据，并将问题填报在平台上；二是建立"质量问题监控分析平台"，通过配套检出热试问题和热试检出装配问题，对质量问题进行溯源和前置，提高检出能力；三是建立"质量问题溯源销项管理平台"，梳理典型质量问题，制定对策加以解决，形成闭环。该项目明确了工作流程，使各部门统一方向，通力协作，推倒部门墙，为公司提升质量管控能力奠定基础。同时，通过对柴油机装调过程基础质量

⊙ 2021年，鹿新弟在工作室解决柴油机机油变黑问题

问题的总结梳理和零公里故障的有效前置溯源，提高了全员发现问题的能力。此外，通过发现问题、梳理问题、解决问题，推进同步工程，完成"四个一"工作，增强了员工的质量意识和团队解决问题的能力。

"柴油机热试台架视频采集与查询系统"利用智能制造技术，解决了试验间的消防、安全和生产状态实时监控、视频材料存储等问题，为异常情况的查找处理和产品质量问题的追溯、责任判定提供了依据。

成立工作室：传承技术，创新未来

2012年，辽宁省人社厅发布了《关于在全省开展省级技能大师工作站建设的通知》，这是辽宁首次在全省范围内推进省级技能大师工作站建设的标志。该通知旨在贯彻《辽宁省2010—2020年人才发展规划》（辽委发〔2010〕9号）和辽宁省人民政府《关于加强职业培训促进就业的实施意见》（辽政发〔2011〕34号），深入落实《关于加强高技能人才队伍建设的意见》（辽委办发〔2007〕7号），充分发挥高技能领军人才的作用，加快拔

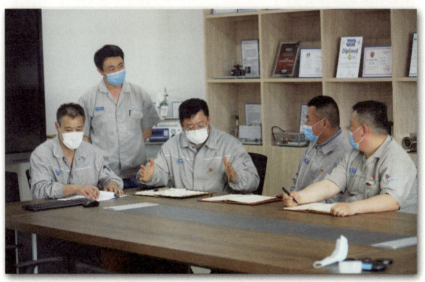

⊙ 上图　2020年，鹿新弟（左）在工作现场指导徒弟工作
⊙ 下图　2020年，鹿新弟（左三）在工作室与成员们开会

尖急需高技能人才培养。

通知指出，要以科学发展观为指导，全面落实人才强省战略，以服务企业发展为宗旨，创新高技能人才的使用和培养机制。依托省内大中型企业和职业技能公共实训基地，建立一批重点省级技能大师工作站。通过集聚优秀高技能人才，发挥他们在带徒传技、技能攻关、技艺传承、技能推广等方面的积极作用，注重典型引领、高端带动和效能提升，推动科技成果转化和技术进步，提升企业的核心竞争力和自主创新能力，将技能大师工作站建设成为新技术攻坚、新工艺创新、新标准研发推广、高技能人才交流提升的基地和平台。

文件要求，开展拜师学艺、名师带高徒等活动，积极参与校企合作，为职业（技工）院校实习教学提供指导。总结推广技能人才培养经验，推进绝技绝活代际传承。承担技术技能课题攻关，开展技术革新、技能创新等活动，评估和推广先进操作法、新技术、新工艺。开展技术技艺交流、研讨和咨询活动，建立技能人才技能开发成果信息库。

鹿新弟认真研究了辽宁省人社厅下发的文件，发现自己完全符合要求，他非常兴奋。他一直有一个心愿，就是将自己的技术传授给更多的人。以前，师傅带徒弟的方式受到教学条件的限制，只能一对一教学，覆盖面窄，效果不理想。鹿新弟希望有一

⊙ 2021年，鹿新弟在大连市总工会讲授工作室建设与管理

个组织或团队，方便大家一起探讨技术问题，共同创新，一起带徒弟，这样的形式和方法会获得更好的效果。

正当鹿新弟苦苦思索的时候，辽宁省人社厅的通知如同及时雨，为他提供了实施的途径。这对企业来说也是一件好事，不仅能获得10万元资金支持，还可以通过工作站为企业培养人才，实现双赢。在企业的大力支持下，公司领导经过综合考虑，由鹿新弟作为工作站的领创人进行申报。经过省人社厅的严格评审，最终获批，成立了以鹿新弟名字命名的"鹿新弟技能大师工作室"。

工作室成立之初只有6个人，来自公司的3个部门。如今，工作室已有成员63人，其中公司内部成员60人，涵盖了公司8个部门。包括领创人、模块负责人、核心成员、成员、二梯队、三梯队和四梯队。工作室外部成员包括前沿技术领域、智能制造领域和人才培养领域的首席顾问，有科学院院士、博士和正高级工程师共3人。

培养卓越人才

在省级技能大师工作室建设先行的基础上，鹿新弟工作室以省级工作室为起点，不断发展壮大。大连市总工会于2017年创建"劳模创新工作室"，为"鹿新弟技能大师工作室"和"鹿新弟劳模创新工作室"的发展奠定了基础。

鹿新弟工作室始终秉持"人才是第一资源"的理念，致力于多方位培养"知识型、技能型、创新型"人才。工作室依托两个国家级工作室的平台，以"打造高技能人才培养的摇篮"为己任，不断探索创新人才培养模式，通过集约化、规范化、标准化、数智化建设，确保工作室高标准创建、高水平管理、高质量运行，树立了全国劳模创新工作室的标杆。

鹿新弟工作室自成立以来，始终以技术创新、管理创新、制度创新、培训创新为手段，建立了十大体系和55项管理制度。通过设立"一个通道"，畅通职业发展通道；采取"双元制"职业教育模式；应用"三个平台"，企业提供制度化、规范化的学习平台，不断探索创新人才培养模式。

在培训方法上，鹿新弟工作室创新性地开展了同步工程，在"名师带徒"活动的一个周期内，不仅要完成师带徒的任务，还要同步完成一个项目、同步完成一个TBP报告、同步完成一个创新成果、同步完成一个专利。这种方式加强了团队建设、人才培养和科技攻关，有力推动了智能制造、绿色制造和创新体系建设。

在鹿新弟的带领下，工作室共完成技术创新1250余项，获得各层级优秀创新成果奖300余项，为公司技术创新能力的提升做出了突出贡献。鹿新弟还积极承担社会责任，利用"互联网+"传授技艺，创造性地开展了"3+1"培训模式，通过"名师带徒""大师讲坛""劳模进校园"等活动，带动企业员工、学校学生成长成才。截至目前，工作室共完成授课一万余课时，培训学员10万余人次，为国家培养了500余名技术、技能人才，其中100余人次获得市级以上荣誉。

令鹿新弟骄傲的是，他撰写的一本名为《工作室规范化建设与管理》的书籍，全书共20万字，全方位、系统化地介绍了工作室的规范化建设与管理，填补了工作室在这一领域的空白，对工作室的规范化、标准化建设具有重要的指导意义。这本书是鹿新弟多年来在制度创新、管理创新和技术创新方面的经验总结，他

⊙ 2022年，鹿新弟（左）指导徒弟工作

希望通过这本书，将自己的经验分享给全国各劳模和工匠人才创新工作室。

鹿新弟工作室依托全国"示范性劳模和工匠人才创新工作室"、国家级"技能大师工作室"两个国家级工作室，以制度创新、管理创新和技术创新为主要抓手，采取了一系列具体举措，推动工作室发展。在制度创新方面，鹿新弟工作室建立了完善的管理制度和工作流程，明确了工作室成员的职责和分工，提高了工作效率和质量。在管理创新方面，鹿新弟工作室采用了项目管理、团队管理等先进管理方法，激发了工作室成员的积极性和创造力。在技术创新方面，鹿新弟工作室积极开展技术研发和技术改造，不断提高工作室的技术水平和创新能力。

通过这些创新举措，鹿新弟工作室成了集约化、规范化、标准化、数智化的工作室，为公司的转型升级和高质量发展打下了坚实的基础。

鹿新弟工作室是一个具备项目承接能力的团队，参与企业技术和质量改进项目，并结合自身特点主动承担相关任务。

工作室致力于成为公司培养人才的"孵化器"，根据工作室特点开展专项培训，参与职业技能等级鉴定。同时，工作室也是公司人才交流和展示的平台，通过组织"工匠沙龙""大师讲坛"等活动进行技术交流，定期举办技术研讨会，并组织参加国

⊙ 2023年，鹿新弟在劳模工匠进校园主题宣讲活动中做讲座

内国际发明展览等活动，拓宽人才视野，开展对外交流学习。

工作室以"劳模精神、劳动精神、工匠精神"为引领，以打造高技能人才培养的"黄埔军校"为使命，将制度创新、管理创新和技术创新作为核心抓手，全力建设集约化、规范化、标准化、数智化的工作室，为公司的转型升级和高质量发展筑牢基础。

为响应公司可持续发展的号召，工作室秉承"崇德敬业、藏器求是、创新共赢"的室训，开展多方位培训，着重培养发动机设计开发、工艺制造、质量分析、装配线、试验线、加工制造以及发动机维修等领域的各类专业人才和技能人才。

工作室不仅是理论培训、实操训练、技术研讨、对外交流和成果展示的场所，也是符合"四化"标准的工作室。在充分利用资源的基础上，制定合理的组织规程、基本制度和工作流程，形成统一规范、相对稳定的管理体系，通过对该体系的有效执行和持续完善，实现井然有序、协调高效的运作，以在一定范围内达到最佳秩序。符合"四化"标准的工作室领创人实际上是一个召集人，无须投入过多精力进行管理，按照既定的规章制度执行即可。

工作室运作规范，涵盖了工作室方向、知识设定、管理制度建设、培训体系建设、培训方法建设、评价体系建设、资金管理建设、创新能力建设、工作计划设定、工作计划完成情况等方面。

鹿新弟工作室依托两个国家级工作室的平台，以"打造高技能人才培养的摇篮"为使命，按照习近平总书记"培养更多技术技能人才、能工巧匠、大国工匠"的要求，建立了55项规章制度，并通过"二八原则"和"一二三法则"推动工作室的运行。工作室采用"六个模块"管理模式培养工作室领创人，通过"四个一"模式培养人才。如今，工作室已成为公司培养人才的重要基地，工作室成员的技术创新成果得奖率占公司的50%以上，成员荣誉得奖率也占公司的50%以上，成功培养出4名省级工匠和4名市级工匠，共有48人次获得市级以上荣誉，140多项技术创新成果获得市级以上优秀技术创新成果奖。

鹿新弟的徒弟们在工作中积极践行工匠精神，不断追求进步。崔阳是鹿新弟的徒弟，跟随他学艺多年。崔阳不仅精通柴油机试验技术，还能够快速、高质量地调试柴油机性能。他因工作表现卓越、敬业爱岗，被车间领导发掘，选为班长。在他的带领下，班组成员学技术、搞创新、提质量。通过现代化的班组管理，崔阳将一个相对落后的班组转变为先进班组。看到崔阳意气风发，鹿新弟不禁联想到自己年轻时的模样。崔阳不仅获得过国际发明展览会金奖、全国发明展览会金奖，还是省部级科技进步

⊙ 上图　2017年，鹿新弟（左）在工作室指导徒弟工作
⊙ 下图　2023年，鹿新弟（左一）在工作室指导徒弟工作

奖的团队成员、大连市高端高技能人才、大连市劳动模范，诸多荣誉加身。现在，崔阳也开始带徒弟，将在工作室学到的技术传授给他的徒弟们，为一代代传承工匠精神，培养具有工匠精神的人才贡献力量。

孙岩是鹿新弟培养的较为年轻的徒弟，毕业于大连市职业技术学院。鹿新弟经过长期观察，认为他各方面都符合工作室管理者的要求，遂推荐他担任工作室副领创人，参与工作室的管理工作。孙岩没有让他失望，从工作室制度的建立，到活动策划及开展，再到会议的组织，都安排得井井有条，并且具有创新思维。经过五年的历练，孙岩如今已是全国发明展览会金奖获得者，也是省部级科技进步奖的团队成员，他正准备以更高的工作热情加速自己的成长。

步入新时代，踏上新征程，鹿新弟也给自己制订了未来几年的计划：在2025年之前，带领工作室成员完成技术创新项目500项，完成50项专利，回报社会，资助学生……这一步一步，正等待着鹿新弟完成。

不忘初心、牢记使命：
用实干和奉献书写劳模精神

2015年4月，沈阳北站，一个男人在车站门口静静等待着。他衣着朴素整洁，低头看了一眼手机上的时间，发现自己到得过早。过了一会儿，又有几个人过来了，他们一见如故，互相打着招呼，这是鹿新弟与辽宁省籍的全国劳动模范和先进工作者，他们将一同乘坐高铁。鹿新弟低着头，双手微微颤抖，这次是因为激动。一路上，鹿新弟回顾着自己的经历，当别人休息时，他将时间都投入工作中，常常忙碌到深夜。在这条艰辛的道路上，有不理解的声音，也有羡慕和嫉妒的目光，但他都顶了下来。如今，鹿新弟走到了一个新的阶段。当他得知自己当选全国劳动模范的那一刻，他明白所有的努力都是值得的，这是党和国家对他工作的认可。

自进入工厂的那天起，鹿新弟就告诉自己：一定要成为一名好工人，像王进喜、时传祥、孟泰那样，为国家作出贡献。榜样

⊙ 2015年4月28日，鹿新弟参加庆祝"五一"国际劳动节暨表彰全国劳动模范和先进工作者大会

⊙ 2016年，鹿新弟参加第十三届高技能人才表彰大会

的力量是无穷的，那些劳动模范们激励着鹿新弟不断前进，他们的工作经历和热情时刻影响着鹿新弟。如今，鹿新弟与心目中的榜样登上了同一舞台，他暗自下决心：要把自己的青春和生命都奉献给国家和社会。

2015年4月28日上午，金色的阳光洒遍北京，为这座古老而现代的城市增添一层金色的光辉。鹿新弟与来自全国各行各业的近3000名全国劳动模范和先进工作者齐聚人民大会堂，接受党和国家授予的崇高荣誉。上午10点，会场内响起国歌，大家齐声歌唱，声音洪亮而激昂。在鹿新弟眼前，过去的画面一一浮现。国歌结束后，2015年庆祝"五一"国际劳动节暨表彰全国劳动模范和先进工作者大会隆重开幕。这是一场属于劳动者的盛会，也是对他们无私奉献和卓越成就的赞誉。

习近平总书记和其他党和国家领导人为受表彰的劳动模范和先进工作者代表颁发荣誉证书。虽然鹿新弟没有机会亲手接过党和国家领导人的颁奖，但从踏进人民大会堂的那一刻起，他内心的骄傲从未减退。他和在场的每个人一样，脸上洋溢着自豪的笑容。鹿新弟告诫自己，要时刻保持头脑清醒，不能骄傲自满，要始终冲锋在前，享受在后，发扬劳模精神、劳动精神、工匠精神。这一荣耀，将永远伴随着他。

2018年，鹿新弟拥有了一个新的身份——全国人大代表。

⊙ 2018年，鹿新弟作为代表，参加了十三届全国人大一次会议

“当一个为民代言、有社会责任感、有担当的好代表”是鹿新弟的信念。多年的一线工作，让他非常了解一线工人对职业发展通道和提高工作待遇的期盼，他也感受到了沉甸甸的责任。2018年到2022年的五年里，鹿新弟共提出建议31条，其中涉及职工晋升通道等方面的建议14条，全部得到国家相关部门回复。其中有5个建议被国家采纳，相关部门出台文件落实，从根本上解决了广大职工关心的问题。鹿新弟的建议有一半涉及两亿多产业工人发展通道与待遇提升“最后一公里”的问题，其中就包括设立“新八级工”制度。每当有职工感谢他时，鹿新弟总是说：“为职工解决问题是我最大的快乐！”鹿新弟常说，自己的成长和进步是党组织悉心培养的结果。从一个技校生到全国劳模，每一次进步都是党组织指引、培养、信任和鼓励的结果，是党给予了他今天的一切。如今，他牢记初心使命，不忘党恩。始终以孺子牛、拓荒牛、老黄牛的“三牛”精神，做一个大写的工匠。

现在，鹿新弟已经实现了从“力量型”到“知识型、技术型、创新型”的完美转变，但几十年来不变的是他忠于职守、敢争第一、不断超越的创新热情和爱岗敬业、勤学苦练、甘于奉献的实干精神。他以对祖国、对事业无限忠诚的赤子之心，在自己的岗位上辛勤劳动，为企业、为国家、为社会创造了巨大的社会效益和经济效益，为中华民族、中国工人阶级积累了宝贵的精神

⊙ 2023年，鹿新弟（左）参加《鲁健访谈》

财富，激励着他人奋发图强、无私奉献。

从2015年当选全国劳动模范至今已有9年，当选人大代表也已6年。每当鹿新弟回忆起当选全国劳模的那一刻，强烈的幸福感和荣誉感就会在心中涌动，但是鹿新弟并没有止步于过去的成就，而是更加坚定地踏上了新的征程。2022年两会期间，全国人大代表、一汽解放大连柴油机有限公司高级技师鹿新弟提交了《关于国家统筹规划新能源汽车电池回收的建议》。在当时，国内动力电池回收面临包括电池溯源管理不通畅、回收标准体系仍需完善等困难与问题，鹿新弟针对这类问题，提出解决措施：加强电池溯源管理手段与力度，健全回收标准体系与监管机制，补贴奖励参与电池回收的正规企业，严厉打击不合规的回收，推动技术进步，提高电池回收效率，激发企业热情，畅通专业化回收网络，这对新能源在国内的推行起到了重要作用。

2023年，鹿新弟参加央视节目《鲁健访谈》，在节目中，鹿新弟和主持人谈论到如今的东北地区经济发展，也曾提及有南方企业试图"挖"自己，但是鹿新弟并没有走，他不走的原因，有对工作的热爱，也有对故土的深厚感情。他在节目中表示："我是个技校生，文化水平也不高，坐过冷板凳。但是通过实干、在企业的培养下得到国家荣誉，我的成长可以复制，我更应该留在辽宁，讲好辽宁故事，带动引领其他人，走技术成才、技能报国

⊙ 2023年，鹿新弟作为代表参加十四届全国人大会议

之路。

他深知，作为一名新时代的劳模，不仅要继续在自己的专业领域精耕细作，还要与时俱进，不断学习和创新，为国家的发展贡献更多的智慧和力量。

如今的鹿新弟，正带领着自己的徒弟和创办的工作室与时俱进，不断追求卓越，勇攀科技高峰。他们紧跟国家的发展战略，深入研究和开发新技术、新产品，为推动我国的科技进步作出了卓越贡献。鹿新弟用实际行动践行社会责任，传递正能量。他不仅仅是一个优秀的科研工作者和技能大师，更是一个具有社会责任感和历史使命感的时代楷模。他诠释了新时代劳模的精神内涵，为全社会树立了榜样。

扫码解锁

◉群英颂歌 ◉业精于勤
◉技艺传承 ◉奋斗底色